Am Rande aufgespießt

Gedichte und Geschichten aus dem Sauerland

Dirk Hoffmann

Bibliografische Information der Deutschen Bibliothek
Die Deutsche Bibliothek verzeichnet diese Publikation in Der Deutschen
Nationalbibliografie; detaillierte bibliografische Daten sind im Internet über
<http://dnb.ddb.de> abrufbar.

© 2003 by Dirk Hoffmann
Satz und Umschlagsgestaltung: Markus Richter, Hamburg
ISBN 3-8330-1003-7
Herstellung: Books on Demand GmbH

Vorwort

Dirk Hoffmann ist in seiner Heimatregion alles andere als ein Unbekannter. Aktiv begleitet er seit vielen Jahren die Kulturarbeit des Märkischen Sauerlandes. In Sachen Musik und Kultur ist er sachverständiger freier Mitarbeiter der regionalen Presse. Seine Gedichte und Geschichten, die er immer mit scharfem Verstand und viel Humor verfasst hat, finden bei verschiedensten öffentlichen und privaten Veranstaltungen großen Anklang. Mit seinem Buch „Am Rande aufgespießt" wird der literarische Schatz des Autors nun für die Öffentlichkeit gehoben. Seine Leser können wir zur Wahl dieses Werkes nur beglückwünschen. Sie werden viel Freude und Kurzweil, aber auch gehaltvolle Gedanken beim Stöbern in den Gedichten und Geschichten aus dem Sauerland finden.

Inhaltsverzeichnis

1

Vermischtes

Die Mühlräder

Mühlräder, die uns erfreun und bewegen,
bedrängten die Menschen vor Generationen.
Das Rad schlug den Takt, sie mussten sich regen.
Das Mahlen, das Schmieden, es musste sich lohnen.
Und mochten die Räder auch sehr viel verlangen,
sie haben an ihrer Mühle gehangen.

Denn die Ärmsten der Armen, die hatten auch Träume,
die gaben der Mühle ein freundlich Gesicht.
Sie schufen zum musischen Tun freie Räume
und die Mühle war Muse für manches Gedicht.
So löste man sich aus der bitteren Not,
aus Stumpfsinn und Sorge ums tägliche Brot.

Grau blieb unser Alltag und oftmals stupide.
Wie vom Mühlrad bedrängt, so verbringt man die Zeit,
doch wie bei den Ahnen im fröhlichen Liede,
so sind auch bei uns noch die Musen bereit.
Und für den, der so etwas am Rande genießt,
hab ich Verse und Prosa hier aufgespießt.

Kindfreie Pädagogik

Wo ist ein Hobler, der nicht hobelt?
Wo ist ein Knobler, der nicht knobelt?
Wo ist ein Dreher, der nicht dreht?
Wo ist ein Geher, der nicht geht?
Wo ist ein Läufer, der nicht läuft?
Wo ist ein Säufer, der nicht säuft?
Wo ist ein Kehrer, der nicht kehrt?
Wo ist ein Lehrer, der nicht lehrt?
Doch sind studierte Pädagogen
dem Lehren nicht so ganz gewogen.
Sie halten's mit der Theorie,
denn lang studiert bedenken sie:
Der Unterricht mit vielen Kindern
kann die Karriere sehr behindern!

Oh Pädagogik hoch in Ehren,
wenn bloß nicht die Scheißblagen wären!!!

Kommentar eines
in die Jahre gekommenen Neiders

Keiner sucht am Brünnelein
lieb nach seinem Schätzchen,
will nicht mit ihr einsam sein
am verschwiegnen Plätzchen.
In dem Discothekelein
reißt man auf die Damen.
Dort dröhnt's laut und riecht's nicht fein,
weil zu viele kamen,
die sich da in rauen Mengen
auf zu engem Raume drängen.
Keiner fragt mehr „Darf ich bitten?",
wenn ein Walzerklang ertönt.
Lock'rer sind sie jetzt, die Sitten.
Mensch, was sind die heut' verwöhnt.

Was sein muss, das muss sein

Wenn es einem kleinem Jungen
in dem Nasenloch rumort,
wird darin ganz ungezwungen
ohne Hemmung gern gebohrt.
Eltern und auch Paten schimpfen:
„Pfui, das ist gewiss nicht fein."
Er lässt sie die Nase rümpfen,
denn was sein muss, das muss sein.

Fern in Brüssel gönnt ein kleiner
muntrer Knabe ohne Kleid
lächelnd uns den Anblick einer
zwingenden Notwendigkeit.
Viel ward ihm schon lobgehudelt,
manche Ehrung heimst er ein.
Er beweist uns, wenn er sprudelt,
was mal sein muss, das muss sein.

Wenn die Kehle rappeltrocken
und das Geld im Beutel juckt,
lässt man sich dazu verlocken,
dass man tief ins Bierglas guckt.
Mag SIE auch das Trinken hassen,
sie versteht sie nicht, die Pein,
die der Durst bringt. „Hoch die Tassen,
denn was sein muss, das muss sein!"

Zu einem Zeitungsständer

Man ist nicht immer gut gestrichen,
wenn man in eine Zeitung sieht.
Man sieht, manch einer ist erblichen.
Man weiß, dass manche Tat geschieht,
die kriminell und auch politisch
den Zeitungsleser stimmen kritisch.

Drum leg sie weg, sie macht dir Sorgen,
dann ruhst du deine Nerven aus
und schaust nicht sorgenvoll ins Morgen,
jagst von der Leber jede Laus.
Im Ständer ruhet ohn' Beschwer,
was besser nicht geschrieben wär.

Das Fressen und die Diät[1]

Er tut uns leid, der arme Mann,
der trinkt, was er vertragen kann
und wenn ihn dann der Hunger plagt
sich satt isst, weil es ihm behagt
und noch mehr isst, weil's herrlich schmeckt,
wenn ihm der Tisch zu gut gedeckt.
Doch dann, doch dann, dann setzt es an,
dann setzt es an beim braven Mann.
Er kann nicht mehr so zügig laufen
und muss sogar beim Gehen schnaufen.
Es wächst das Kinn, der Bauch wird rund.
Der brave Mann hat zu viel Pfund.
Er muss sich leider eingestehn:
So kann es nicht mehr weiter gehn.
Verzweifelt sagt er sich zu spät:
Schluss mit dem Fressen, jetzt kommt die Diät!

Er knabbert Körnchen, trinkt nicht Korn.
Nippt Magerquark und selbst im Zorn
greift er nicht mal zum kleinen Klaren
wie in den bösen Schlemmerjahren.
Nein, sanft und fein mit Baldrian
bekämpft er seines Zornes Wahn
Er isst am Morgen Weizenschrot,
Salat vielleicht ein Honigbrot.
Am Mittag können ihn verlocken
mit Magermilch die Haferflocken.
Und jeden Abend, zart und zage,

---

[1]sehr frei nach Bert Brecht

stellt unser Mann sich auf die Waage.
Wenn dann die gute Waage zeigt:
„Du hast dreiviertel Pfund vergeigt."
freut sich der Mann und schreit und kräht:
„Ich fraß zu viel, hoch lebe die Diät."

Der brave Mann hat eine Nase
und kommt deshalb in eine Phase,
wo er, Gerüchen ausgesetzt,
den guten Vorsatz gern verletzt.
Es riecht nach Hähnchen auf dem Grill ...
Zuerst hält unser Mann noch still;
doch dann - er möchte es riskieren;
will er ein bisschen schnabulieren.
Erst nippt er leicht, dann beisst er zu;
verschlingt den Flattermann im Nu.
Und weil es salzig war, das Tierchen,
trinkt er danach noch fünf, sechs Bierchen,
und die Diät, vom Arzt empfohlen,
bleibt unserm braven Mann gestohlen.
Er lallt nur noch ganz pflichtvergessen:
„Einst kam Diät, jetzt kommt das Fressen!!!"

Der enttäuschte Krippenspieler

Hirten, die auf Weiden flöten,
sind beim Weihnachtsspiel vonnöten.
Engel, die vom Himmel singen,
kann man dort auch unterbringen.
Selbst der Wirt, der garstge, böse,
lebt im Krippenspielgetöse.
Weise, die zur Krippe wollen,
sind beliebte Weihnachtsrollen.
Auch Maria mit dem Kinde
samt dem Vieh und Hausgesinde
werden oft und gern erwähnt
und im Spiel nicht abgelehnt.
Doch der Josef mit dem Stabe
ist des Spieles Waisenknabe,
geht's ihm doch als Vater schlecht,
ihm bleibt nur das Sorgerecht.
In dem Kindergarten Ohle
kriegte Thomas diese Rolle
und ihm schwante schon als Knabe,
was es damit auf sich habe.
Darum sprach er: „Spielt alleine
Engel mit dem schönen Scheine,
spielt den Wirt ohn all Erbarmen,
spielt die Hirten, auch die Armen.
Doch, wenn mir das Herz auch bricht:
Einen Schluffen spiel ich nicht!"

Das Schlussball-Missgeschick

Blau und lila, dunkelgrün,
Traum in Taft und Musselin!
Mädchen, ihr seid zu beneiden
bei den bunten Schlussballfreuden!

Alles regt sich und bewegt sich,
und im Liebesglücke legt sich
Marion in Rudis Arm,
und es rauscht ein Fest vorüber,
voller Freude, wie im Fieber
und mit jugendlichem Charme.

Doch mit leidensvoller Miene
schleicht sich aus der frohen Runde
Mönkemöllers Wilhelmine
und tat das aus gutem Grunde:
denn ein kühner Schlussballstreiter
trat ihr unten vor den Enkel,
und nun klettert eine Leiter[2]
hoch bis an den Oberschenkel!!

---

[2]Seidenstrümpfe waren in der Nachkriegszeit, als dieses Malheur passier-
te, sehr teuer und wertvoll... Wenn durch ein Ungeschick nur *eine* Masche
beschädigt war, lösten sich weitere Maschen auf. So entstand eine soge-
nannte „Flohleiter".

Rotkäppchen

Ich ging mit Kuchen und mit Wein
einst in den dunklen Wald hinein.
Was Mama sagte, wurd' vergessen.
Da hat der Wolf mich aufgefressen.

Wenn ich noch mal zur Oma geh
und noch mal bunte Blumen seh,
dann kann der Wolf mir nicht mehr schaden,
dann kaufe ich im Blumenladen.

Einmal gefressen ist genug.
Durch Schaden wird ein Mädchen klug.

Beim Kerzenschimmer

Wenn die Kerzen lieblich flackern
ist es herrlich auf der Welt.
Man braucht sich nicht abzurackern,
denkt nicht an das liebe Geld,
denkt an Krieg nicht, nicht an Kummer,
nicht an Kaviar und Hummer
auch nicht voller Hass und Neid
an Elfriedes neues Kleid,
denkt nicht an Benzinverbrauch
oder Grimmen in dem Bauch,
denkt nicht an die hohen Zinsen
und das Moos, das in den Binsen,
denkt nicht dran, was man geworden,
nicht an Ehren, nicht an Orden,
denkt nicht an die bösen Zeiten,
nicht an Ankes Schularbeiten,
nicht an Zeitnot, nicht an Plage
und die Hetze unsrer Tage.
Man entspannt, man trimmt sich nicht
bei dem trauten Kerzenlicht,
und man denkt vor allen Dingen
an Herrn Götz von Berlichingen.

Warme Gedanken

Wer friert schon gern, wenn's kälter wird,
vor allem, wenn man älter wird.

Um Hals und Bauch und Kopf und Nasen
ist man gern warm, wenn Winde blasen.

Nie ist die Kälte zu begrüßen
ganz unten rum, an uns'ren Füßen.

Und eine kleine Decke nützt,
dass man dort warm bleibt und geschützt.

Dann ist bei Minus-Celsius
selbst große Kälte ein Genuss.

Arenagedanken [3]

Du denkst dir: „So ein schwarzer Stier
ist ein entsetzlich dummes Tier.
Ständ er in der Arena still,
wenn der Torrero ihm was will,
blieb stur auf einer Stelle stehn,
es würd ihm nicht so schlecht ergehn.
Der Kampf müsst abgebrochen werden,
der Stier ging unversehrt nach Haus.
Bei seinen lieben Rinderherden
ruht er von allen Sorgen aus."

Durch rote Fetzen wild geworden,
da ist bei ihm der Teufel los.
Sein Sinn steht jetzt nur noch nach Morden,
bei Gott, sein Tatendrang ist groß.
Doch durch dies unvernünftge Streben
erlischt sein junges Rinderleben.

„Wär ich ein Stier, ich stände still,
man könnte reizen, wie man will,
denn das Geflatter mit dem Tuch,
es ist doch nichts als Lug und Trug."

Hast du schon mal davon gehört,
wie man sein Kapital vermehrt?
Versuchst du nicht, stets mehr zu schaffen,
um Glanz und Reichtum zu erraffen?
Kein Mühen ist dir da zuviel

---

[3]bei einem Stierkampf

und himmelhoch dein Lebensziel.
Du hastest, ringst und du erwirbst
und denkst nicht dran, dass du bald stirbst!

Vor dem normalen Lebensende,
da zittern dir bereits die Hände.
Das Herz, die Lunge will verzagen.
Du kannst kein Bierchen mehr vertragen.
Der Tod, er wartet nicht mehr lang.
Der Doktor sagt: „Managerkrank!"
Aus ist dein kühner Höhenflug,
Karriere heißt dein rotes Tuch!

Gruppentherapie

Sitzt eine Gruppe still in einer Runde,
weil alles schweigt und niemand quasselt,
dann ist nach einer solchen leisen Stunde
der Therapieerfolg total vermasselt.

Dem Frühling entgegen[4]

Dem Frühling entgegen gilt all unser Streben.
Wir kommen doch ohne den Lenz nimmer aus.
Er bringt neue Freude ins irdische Leben,
er bringt frischen Wind in das traurigste Haus.
Drum gibt es in unserem Herzen ein Streben
dem Frühling entgegen.

Es strahlen, vom wärmenden Lichte getroffen
die Blüten an Bäumen und Sträuchern gar schnell.
Es geht durch die Welt ein beglückendes Hoffen,
nach Dunkelheit wird es gar bald wieder hell.
Denn froh eilt die Sonne nach Sturm und nach Regen
dem Frühling entgegen.

Drum freut Euch am Frühling, wer kann uns dran hindern.
Bewundert der Blumen berauschende Pracht.
Besingt die Natur, besingt sie mit Kindern,
denn wenn uns ein fröhlicher Kindermund lacht,
dann muss sich vor Freude ein jeder bewegen
dem Frühling entgegen.

---

[4]Ansage eines Kinderchors

Steineklöpper

„Wenn Du Dich in der Schule nicht anstrengst, dann wirst Du nur Steineklöpper!"

So haben meine Eltern mich in jungen Jahren nicht selten ermahnt, wenn ich mal wieder mit einer leicht anrüchigen Zensur nach Hause gekommen war, und das Zeugnis nicht dem entsprach, was sich die alten Herrschaften vorgestellt hatten.

„Steineklöpper" das waren deshalb in meiner Jugend für mich Leute, die eine völlig geistlose Arbeit ohne Phantasie und schrecklich stupide erledigten. Nur dazu sollte ich taugen.

Seit meinem letzten Urlaub in Stavenhagen bin ich von diesem Irrglauben aber gründlich geheilt worden. Dort wurde nämlich der Marktplatz gepflastert, und erstaunt stellte ich fest, wie flink und geschickt die mit der Arbeit betrauten jungen Leute die Pflastersteine mit sehr genauem Augenmaß anordneten.

Es war ein Vergnügen, bei dieser Demonstration exakter Arbeit zuzusehen. Dagegen waren meine Versuche, kleine Wege im heimatlichen Garten zu pflastern nur stümperhaft und viel zu langsam gelungen.

Wenn ich mich deshalb resigniert mit den Stavenhager Steinkünstler vergleiche, dann muss ich meine Eltern berichtigen: Zu einem Steineklöpper hätte ich es nie und nimmer gebracht. Dazu reicht's nicht !

Doppelt schlechtes Gewissen

„Schmalz" das war vor fast 60 Jahren, just als die Amerikaner Werdohl besetzt hatten, für jeden Jungen, der damals zeitbedingt „Kohldampf" schob, ein Reizwort mit besonderem Klang. „Schmalz", ein Weckglas voll Schweineschmalz, hatte meine Mutter in dieser Hamsterzeit hoch auf dem Küchenschrank versteckt, um es meinem unerlaubten Zugriff zu entziehen. Ein Junge von 11 Jahren, der grob werdohlerisch gesprochen, „derbe Schmacht" hatte, entwickelt beim Entdecken solcher Verstecke aber Pfadfindereigenschaften. Mir gelang es jedenfalls suchend und kletternd, den fettigen Schatz ausfindig zu machen und erst unauffällig, aber später immer dreister davon zu naschen.

Ein Schmalzbutterbrot ... das war der Himmel auf Erden. Die Freude über diese Delikatesse blieb aber nicht ungetrübt. Das schlechte Gewissen nagte an dem, der das so Verbotene geschlemmt hatte. Die Angst vor Strafe war nicht unbegründet. Hoffentlich kam der Mundraub nicht raus.

Gerade zu dieser Zeit machten amerikanische Soldaten in unserem Hause Quartier. Sie wollten vermeiden, dass mein Vater die deutschen Soldaten mit Landkarten versorgte und ihnen so Wege wies, auf denen sie, von US-Militärstreifen unbehelligt, in die jeweiligen Heimatorte entfliehen konnten.

Die „Amis" hatten mich irgendwie ins Herz geschlossen. Das lag vielleicht daran, dass ich als kleiner Kerl ungeniert und fürchterlich falsch ein paar Brocken Englisch sprach. Es mochte aber auch sein, dass sie Mitleid mit dem mageren Nachkriegskind hatten, dem man „ein Vaterunser durch die Backen blasen konnte". Sie haben mich nämlich mit Cornedbeef, Weißbrot, Schokolade und Bananen so reichlich gefüttert, dass mein von Goebbels aufgebauschtes Feindbild wie ein Kartenhaus zusammenfiel und die „unkultivierten Yankees aus dem Wilden Westen" für mich jeden Schrecken verloren. Voll Dankbarkeit für meine amerikanischen Freunde schlief ich ein und bewahrte diese Dankbarkeit auch, als mich heftige Bauchschmerzen an die ungewohnte und zu abwechslungsreiche amerikanische Kost erinnerten.

Doch zurück zum Schmalz.

Als die „Besatzungssoldaten" nach einem Tag abgezogen waren, wollte meine Mutter eine Mahlzeit mit diesem köstlichen Fett zubereiten.

Enttäuscht betrachtete sie den so sorgsam gehüteten, aber trotzdem arg reduzierten Schatz und sagte dann: „Die Amerikaner waren ja wirklich nett, ich verstehe nicht, dass sie an meinen Schmalztopf geraten sind." Ich war gerettet, aber das Gewissen plagte mich jetzt doppelt. Zum einen tat es mir leid, dass meine freigiebigen Freunde unschuldig verdächtigt worden waren, auf der anderen Seite sagte ich mir aber auch im Stillen:

„Schade, du hättest den ganzen Schmalztopf leer machen sollen. Es wäre für dich gut ausgegangen!"

Der weiße Jahrgang [5]

In dreiunddreißig wurden wir geboren,
da schrie man laut und schrecklich unverfroren
stets Heil und Sieg ganz schrecklich unbefangen,
doch später ist dann alles schief gegangen.
Uns hat das alles, sagen wir's doch offen,
vom Kohldampf abgesehn, am Rand betroffen.
Drum sag ich auch, das ist nicht übertrieben:
Ein weißer Jahrgang sind wir stets geblieben.

Wir machten auch noch fleißig Pimpfenproben
und mussten Adolf Treue stets geloben.
Wir drehten beim Marschieren manche Kehre
und auf dem Koppelschloss stand „Blut und Ehre"
Doch waren wir zu klein für große Siege
und kamen nicht zum Einsatz in dem Kriege.
Ein Glück, dass solch ein Feldzug unterblieben:
Ein weißer Jahrgang sind wir stets geblieben.

Der Ami kam mit Panzern und Kanonen
und wollte hier in unserm Städtchen wohnen.
Die Großen wollte keiner gern beschenken,
doch an uns Kleine tat so mancher denken.
Vor allem Schwarze waren's nachgerade,
die schenkten uns als Kinder Schokolade.
Daran liegt's wohl, dass wir die Schwarzen lieben,
und sind ein weißer Jahrgang doch geblieben.

---

[5] Zum Klassentag 1985

Der Russe lärmte an Europas Küsten,
da fing man an, die Deutschen aufzurüsten.
Wir sollten alle an den Grenzen stehen
und bei dem Iwan nach dem Rechten sehen.
Doch uns hat man da nicht mehr eingezogen,
wir waren viel zu alt und ungelogen
hat man uns militärisch abgeschrieben:
Ein weißer Jahrgang sind wir drum gelieben ...

Die Zeit vergeht, und mancher junge Falter
kommt unversehens ins gesetzte Alter.
Das Flirten und das Saufen wird beschwerlich.
Spuckt nicht so große Töne, seid doch ehrlich.
Der Schmerz vom Rheuma liegt schon auf der Lauer.
Die Haare werden grau und immer grauer,
drum scheinen wir auf dieser schönen Erde
vom Kopfe bis zum Fuße weiß zu werden!

Der besorgte Commercienrat

Was so ein Commercienrat,
der Familie und Beruf
aus dem Nichts allein erschuf,
doch für schwere Sorgen hat!

Fällt das Kupfer, steigt der Stahl,
ist der Baumwollpreis gesunken
hört man Satelliten funken
immer hat er seine Qual.

Denn er setzt vor die Pupille
um bei Licht nichts zu betrachten
und das Gute zu verachten
eine große schwarze Brille.

Stellt darauf mit Trauerpose,
dass die Welt in Ängsten bebt,
und man nicht in Frieden lebt
seine Weltwirtschaftsprognose.

Wie die Wirtschaft sich verhält
geht es aufwärts oder runter
niemals ist der Bursche munter
stets ist ihm der Sinn vergällt.

Als er Anno 50 sagte:
„Heute schon und nicht erst morgen
kommen große Wirtschaftssorgen!"
keinem das so recht behagte.

Wie beim Zahnarzt vor dem Bohren
bangt ein jeder voller Schrecken,
um die Krise zu entdecken
spitzen wir gespannt die Ohren.

Aber zwischen dem Erbeben
soll uns noch die Freude winken,
bis wir wirtschaftlich ertrinken
wollen wir noch einen heben.

Die Arbeitswut[6]

Dass mich die Arbeitswut ergreift
passiert mir nicht alltäglich
dass man durch das Malochen reift
ist überhaupt nicht möglich.

Denn wer so arbeitswütend ist
auf seines Lebens Reise,
ist erst einmal kein guter Christ
und zweitens viel zu weise.

Sollt dich nach der Examensnot
der Arbeitsteufel hindern,
dann schlag den bösen Satan tot
und spiel mit kleinen Kindern.

Und will dich dann die Arbeitswut
noch immer nicht verlassen,
folg meinem Ratschlag, er ist gut,
und sage „Hoch die Tassen!"

Man könnt hier in dem Gedicht
noch manch' Problemchen streifen.
Doch sag ich „Prost" und tu es nicht.
Das wirst du wohl begreifen.

---

[6]Anweisung zur Faulheit nach einem Staatsexamen

Im nächsten Jahr

Im nächsten Jahre werd ich vieles schaffen
und niemals einen Wecker überhören,
infolgedessen mich auch nicht verschlafen,
nichts soll dann meinen Arbeitseifer stören.
Kurz, es wird alles anders, wie es war
... im nächsten Jahr!

Im nächsten Jahre werd ich mich nicht ducken
vor meinem Chef, dem bitterbösen Mann.
Ich will dem Alten in die Karten gucken
und ihm bald zeigen, dass ich auch was kann.
Dann werden ihm die Augen plötzlich klar,
... im nächsten Jahr!

Im nächsten Jahre wird mein Geist sich wandeln.
Kein Alkohol soll meine Lippen netzen.
Ich werde ganz nach der Gesundheit handeln
und kühles Bier durch warme Milch ersetzen.
Kein Gastwirt kommt dann in Konkursgefahr
... im nächsten Jahr!

Drum will ich heut feucht-fröhlich Abschied feiern
vom Lotterleben ohne ernsten Sinn.
Grundsätzlich werd ich morgen mich erneuern,
wenn ich nicht allzusehr verkatert bin.
Ich fürchte fast, es bleibt dann wie es war
... im nächsten Jahr!

2

Werdohl

Lob auf Werdohl [1]

Lobt froh in Dur und Moll
die schöne Stadt Werdohl.
Die Amsel schlägt, der Rabe schreit.
Macht alle mit, wenn euch das freut.
Und singt, und singt,
das alles froh erklingt.

Hoch lebe unsre Stadt,
die schöne Berge hat;
weshalb der liebe Lennefluss
beim Fließen hier verweilen muss.
Drum singt, drum singt,
dass alles froh erklingt.

Gemeinsam singen wir
schon seit Jahrzehnten hier.
Im Lenne- und im Versetal
grüßt man den Lenz vieltausendmal
Nun singt, nun singt,
das alles froh erklingt!

---

[1]nach der Melodie „Das Lieben bringt groß Freud"

Die Mädchen von der Lenne

Die schönsten Mädchen, die ich kenne,
die wohnen alle an der Lenne.
Aus Bayern, Baden oder Schwaben
da möchte ich nicht eine haben.

Lob der Musik im Sauerland [2]

„Musik wird oft nicht schön empfunden,
weil sie stets mit Geräusch verbunden!"
hab ich bei Wilhelm Busch gelesen.
Da war der Dichter sehr verstört
und ist, das find ich unerhört,
noch nie im Sauerland gewesen!!

---

[2] Wilhelm Busch ins Stammbuch

Tot über'm Zaun? [3]

Das Sauerland, schön anzuschaun,
muss Biolek bedrängen
„Tot" sprach er, „möcht hier über'm Zaun
nicht eine Seele hängen."

Er kennt es nicht, das schöne Land
mit seinen tausend Höhen.
Ihm sind die Höhlen unbekannt
und auch die blauen Seen.

Das Wandern hier viel Freude fand
auch bei dem kleinsten Zwerg.
Darum entstand im Sauerland
das Jugendherbergswerk.

Wär das Herrn Biolek bekannt,
er wär des Lobes voll
und liebte hier im Sauerland
zu allererst Werdohl.

Er würde um den schönen Ort
auf userm W-Weg wandern
und sähe dann mal hier mal dort
die Lenne in Mäandern.

---

[3]Antwort an Alfred Biolek, der behauptet hat, im Sauerland möchte
niemand tot über einem Zaun hängen.

Wie ärmlich steht in Köln der Rhein
so phantasielos da
Die Lenne gräbt ein „W" sich ein,
der Rhein in Köln kein „K".

Lebendig wie der Fluss im Tal
sind Sauerländer Leute
und das nicht nur auf Karneval
nein, gestern auch und heute.

Herr Biolek, im Lennetal
bei fröhlichen Gesängen,
da gibt's nicht den geringsten Grund,
um tot am Zaun zu hängen.

Nur eines stimmt: Im Sauerland
ist man nicht sehr sensibel.
Was Sie gesagt voll Unverstand
nimmt deshalb niemand übel!

Werdohler Nikolausgruß

Von drauß vom Walde komme ich her.
Ich muss euch sagen, die Kassen sind leer.
Man wird meinen Bart bald als Staubtuch benutzen
und oben die Sterne nur Weihnachten putzen.
Der Schnee wird bald knapp, es wird euch nicht freuen,
Frau Holle lässt bald nur noch regnen, nicht schneien.
Der Weihnachtsmarkt-Waigel ließ kürzlich mir sagen:
Für dich gibt's nur Spesen vom Himmel bis Hagen.
Da wurde ich wild, ich hab mich gewehrt
und laut bei dem Weihnachtsminister beschwert:
Ich will nach Werdohl, froh klingen da Lieder
und fällt man die Bäume, dann pflanzt man sie wieder.
Da hält man sein Wort und bricht es auch nicht,
vergisst nicht im Herbst, was im Lenz man verspricht.
Ich will nach Werdohl, sonst mach ich Radau,
da ist niemand borniert, sondern alle sind schlau.
Ich bin dagegen ein dümmlicher Tropf,
in Werdohl hat kein Bürger ein Brett vor dem Kopf.
Die brauchen die Bretter, das ist nicht zum Kichern
um unter der Brücke den Trog abzusichern.
Da sagte St. Waigel: „Ich versteh deinen Groll,
nimm ein Wochenendticket und fahr bis Werdohl!"

Und trotzdem wird hier in Werdohl gesungen

Es hat im letzten Jahr zuviel geregnet,
der Sonnenschein ist uns fast nie begegnet.
Ja, wenn der Nebel wallt bei Weihnachtskerzen,
dann haben wir nur Sonne in dem Herzen.
Bös ist der Petrus mit uns umgesprungen
und trotzdem wird hier in Werdohl gesungen.

Man baute unter unsrer Lennebrücke
'nen „Waschsalon" mit recht viel List und Tücke.
Der gab uns Anlass zu diversen Witzen.
Bei hohem Wasser stehen dort die Pfützen.
Dann ist der Straßenbau nicht ganz gelungen
und trotzdem wird hier in Werdohl gesungen.

Will man hier Trommeln hören oder Geigen,
dann muss man steil hinauf zum Riesei steigen,
und will man Heino lauschen mit gebleichten Haaren,
dann muss man auch hinauf zum Riesei fahren.
„Hier fehlt ein Musentempel" sagen böse Zungen
und trotzdem wird hier in Werdohl gesungen.

Mag in Werdohl auch viel im Argen liegen,
die Musen lassen sich nicht unterkriegen.
Selbst wenn wir schwitzend unterm Glasdach schreiten,
dann werden uns die Musen dort begleiten.
Werdohler schmieren gerne Kehl und Zungen.
Was auch passiert: Trotzdem wird hier gesungen!

Die Bimmelbahn [4]

In Werdohl, da ist vor Jahren
eine Bimmelbahn gefahren
und die blieb, wie wunderschön,
selbst in Versevörde stehn.

Ist durchs Versetal gekrochen
und der Heizer musste stochen
und sie spuckte Dampf und Rauch
aus dem dicken Eisenbauch.

Wollt' man eine Karte lösen,
gab es die beim Wirt am Tresen,
das fand mancher Fahrgast fein
und stieg selten nüchtern ein.

Und der Schaffner lochte Karten,
hatte Zeit und konnte warten
und erzählte aus der Stadt
manches Döneken auf Platt.

Unser Bimmelbahn-Gebimmel
scholl herauf bis an den Himmel
und ihr Prusten und Geschnauf
fiel sogar dem Petrus auf.

[4] auf die Melodie: Die Schwäbsche Eisenbahn

Heute kann sie nicht mehr fahren,
sie blieb stehn vor 30 Jahren.
Das tut allen Leuten leid
von Werdohl bis Lüdenscheid.

Wenn wir uns heut fortbewegen,
produziern wir „sauren Regen".
Da lob ich mir Dampf und Rauch
aus dem dicken Eisenbauch.

Nachruf auf die Bimmelbahn [5]

Wer hat die gute Bimmel nicht gekannt,
die sich durchs Tal der Verse aufwärts quälte
und die man, weil das Leben zu riskant,
ganz dampflos mit der MVG vermählte

Wie stöhnte, stampfte und wie fluchte sie,
sollt es von Peddensiepen aufwärts geh'n.
Wie zitterten der alten Frau die Knie,
blieb sie bei Linnepe und Schiffer stehn.

Durft sie vom Worther Bahnhof weiterlaufen,
ach, wie erleichtert war sie seinerzeit.
Sie wusste, gleich kann ich getrost verschnaufen
denn, Endstation für mich ist Lüdenscheid.

Beim Rückweg, hier ins Tal der Lenne runter,
da fühlte sich das Bähnchen pudelwohl.
Da bimmelte es laut und immer munter,
bergab ging's leichter, unten lag Werdohl.

Dort, gar nicht weit von der Kommandobrücke,
blieb sie zur Nacht nach eines Tages Tücke
und ist in ihrem lieben Heimathafen
im Lennetal dann friedlich eingeschlafen.

---

[5] auch „Schnurre" oder „Feuriger Elias" genannt

Sie dachte nicht wie die modernen Leute
an Hast und Ärger oder gar Profit.
Nein, unsre Schnurre dacht nur an heute
und bimmelte vergnügt trotz Defizit.

Stört euch die Welt mit Hast und mit Gewimmel
und nimmt euch gänzlich die Gemütlichkeit,
denkt an die Schmalspurbahn, denkt an die Bimmel
und an die Endstation in Lüdenscheid.

3

Musik

Musik verbindet[1]

Wenn ein Baby grundlos schreit
ist selbst Opa gern bereit,
seinen Enkelsohn zu stillen.
Er erfüllt ihm jeden Willen.
Denn er nimmt den kleinen Schwarm
liebevoll auf seinen Arm;
brummt ein Lied in dunklen Tönen,
um den Enkel zu verwöhnen.
Er grunzt tief, das Schreien schwindet.
Ist doch klar, Musik verbindet.

Als wir einst in Kindergärten
laut die Kinderlieder plärrten,
fasste jeder zu der Weise
seinen Nachbarn an im Kreise;
„Ja, die Mutter wird schon warten!"
sangen wir im Kindergarten.
Wenn man in der Schule sang
war vergessen Streit und Zank,
und man sagt nicht unbegründet,
dass Musik uns früh verbindet.

Mancher klagt oft: „Uns're Jugend
ist zu laut und ohne Tugend.
Schöner wars in früh'ren Zeiten:
Um uns Freude zu bereiten,
war die Disco nicht das Ziel,
nein, wir tanzten mit Gefühl

---

[1]Moderation anlässlich eines Besuchs aus der Reuterstadt Stavenhagen

einen Tango voller Glück,
schmachtend, doch zu Live-Musik."
Ehen wurden so begründet;
ist doch klar, Musik verbindet.

Sind im März die Wiesen bunter
werden Musikanten munter.
Hier will man die Kehle trimmen,
dort die Mandoline stimmen.
Ja, es werden alle staunen,
blank sind Pfeifen und Posaunen.
Keiner ist im Festsaal einsam,
denn Musik prägt uns gemeinsam.
Frohsinn regt sich, Missmut schwindet,
weil uns die Musik verbindet.

Einen Chor aus Stavenhagen
habe ich jetzt anzusagen,
der sich aus der Reuterstadt
nach Werdohl begeben hat.
Der von Freude singt und Tänzen,
der Gesang kennt keine Grenzen,
denn es schlingt von Land zu Land
die Musik ein festes Band.
Was die Jugend hier verkündet,
sagt uns auch: „Musik verbindet!"

Musik als Brücke

Musik will lichte Brücken bauen,
Musik verbindet, trennt uns nicht.
Musik schenkt uns zu dem Vertrauen,
der eine andre Sprache spricht.

Musik ist eine schöne Sache,
Musik marschiert nicht, nein, sie schwebt.
Musik vermeidet Hass und Rache,
weil hier der Mensch zum Menschen strebt.

Musik soll Frieden uns verkünden,
Musik soll niemals feindlich sein,
Musik soll Völker froh verbinden.
So kann Musik uns stets erfreun.

Singen heisst Verstehen

Singen schafft Zufriedenheit
in der Hast der Tage.
Singen sorgt für Heiterkeit,
wird dir nie zur Plage.

Singen weckt die Phantasie.
Niemand kann uns stören,
wenn wir voller Harmonie
aufeinander hören.

Singen lässt in Einsamkeit
nie die Zeit vergehen,
Singen schafft Gemeinsamkeit
Singen heisst Verstehen.

Dazwischen

„Musik ist schön!" das sagen viele Leute.
Experten schwärmen gern von Mozart oder Liszt,
doch ich sag euch ganz offen hier und heute;
für den, der überall dazwischen ist,
klingt die Musik nicht immerzu harmonisch.
Weil ihm die Gabe fehlt, ein Instrument zu spielen,
betrachtet er Musik wie Wilhelm Busch ironisch
und hält nichts von erhabenen Gefühlen.
Wer gar nichts hat, um musisch mitzumischen,
der sitzt dazwischen!

Matthias übt ein und denselben Triller
und spielt die Läufe mehrmals rauf und runter.
Im Nebenzimmer streicht als Nervenkiller
die Anke auf dem Cello froh und munter.
Sebastian geigt zu Jutta Ehmanns Freude,
mal schnell, mal leise, manchmal laut, mal richtig;
gemeinsam ist's zuviel hier im Gebäude.
Wenn mich das stört, so nimmt das keiner wichtig.
Wer gar nichts hat, um musisch mitzumischen,
der sitzt dazwischen!

Mein Zimmer, wo ich wirklich gern verweile,
wird laut betönt und das ist wahrlich bitter.
Auch meine Gattin spielt jetzt mittlerweile
die Mandoline, eine schwang're Zither.
Ach, wenn sie mit Sebastian dann laut
vom Winde spielt, der durch die Weide blies,
dann denk ich manchmal: „War das deine Braut,
die dir verliebt ein stilles Glück verhieß? "

Wer gar nichts hat, um musisch mitzumischen,
der sitzt dazwischen!

Es klingt und dröhnt im Haus von allen Seiten,
das Cello und die Geige heulen auf.
Matthias kann sich singend am Klavier begleiten,
man nimmt auch Flöt' und Mandolin' in Kauf.
Nur Nachbars Schäferhund, der heult betroffen,
wenn ihn die wilden Töne stark bedrücken,
und ich sag hier ganz ehrlich und auch offen:
„Kein Hundeohr kann solcher Lärm entzücken!"
Hat er doch nichts, um musisch mitzumischen
und sitzt dazwischen!

Der Krach wühlt auf in Magen und Gedärmen,
sodass bei Mensch und Tier kein Auge trocken bleibt.
Blöd, dass Herr Esser über dieses Lärmen
nichts in der Lüdenscheider Zeitung schreibt.
„Das ist zuviel!" so würd er sicher melden,
solch Furioso ist kein Ohrenschmaus!
Ertragen können das nur stille Helden,
so schrieb er, und ich käme groß heraus.
Doch wer nichts hat, um musisch mitzumischen,
der sitzt dazwischen!

Nur ab und zu, an frohen Feiertagen,
zum Weihnachts- oder auch zum Wiegenfeste,
lässt sich Musik für mich sehr gut ertragen,
weil man gemeinsam spielt für liebe Gäste.
Was einzeln quer erklingt und reichlich komisch,
wogegen selbst ein Hund laut heulend protestiert,
wirkt im Orchester gar nicht disharmonisch,

wenn man dort das Geübte produziert.
Dann sitzt auch der, der nichts hat mitzumischen,
recht gern dazwischen!

Gegen den grauen Alltag

Wenn auch der Alltag noch so grau ist.
Frau Musika, die stimmt uns heiter,
und jeder Mensch, der halbwegs schlau ist,
der macht Musik, das bringt ihn weiter.

Dann lässt er nicht die Nase hängen,
dann meistert er auch schwere Plage
und sieht bei frohen bunten Klängen
im Herbst nicht nur die trüben Tage.

Drum zupfen auch seit langen Jahren
hier Musikanten froh die Saiten,
um selbst viel Freude zu erfahren
und andern Freude zu bereiten.

Männerchorstimmen im erwachenden Frühling

Die Drossel auf des Baumes Spitze
singt laut, als hätt sie einen sitzen,
uns manches helle Liedchen vor.
Sie ist der oberste Tenor.

Der Sperling an des Hofes Saum
singt tiefer, doch man hört es kaum.
Das ist ihm längst nicht einerlei.
Er ist, mir scheint es, Tenor zwei.

Die Biene, die uns Honig gibt
ist allenthalben sehr beliebt.
Sie sucht nach buntem Klee im Gras
und summt so wie der erste Bass.

Die dicke Hummel selten sticht,
darum verachten wir sie nicht;
ist dick und rund, brummt froh und frei,
so wie im Männerchor Bass zwei.

Lob der Mittelstimmen

Wir sind die Stützen des Vereins
behaupten die Tenöre eins.
Bei uns, das kann man wirklich loben,
ist Cantus Firmus, da ist oben.
Wir krähen in den höchsten Tönen
und sind wie Hähne zu verwöhnen,
weil die, das weiß doch jedes Kind,
des Hühnerhofes Zierde sind.

Er ist auch gern im Chor dabei,
der Sänger vom Tenore zwei.
Doch wagt er nicht zu forsch zu singen,
weil Nebenstimmen ähnlich klingen.
Gut zuzuhör'n ist seine Pflicht,
ans laute Krähen denkt er nicht.

Dem armen Schwein im ersten Bass
macht zwar das Singen mächtig Spaß,
doch traurig stellt der Sänger fest,
dass man ihn nicht nach vorne lässt.
Weil vom Bass zwei die lauten Knaben
im Chore stets das Sagen haben.

Rund, voll und tief, wie Orgelklang
röhrt vom Bass zwei der Chorgesang.
Sie sind, man kann's nicht überhören,
das Fundament in allen Chören
und glauben stur und fest daran:
„Wer nicht Bass zwei singt, ist kein Mann."

Doch gäb's nur Stimmen links und rechts
bei Chören männlichen Geschlechts,
dann würde es euch angst und bange
beim Hahnenruf und Orgelklange.
Das wär kein Singen, das wär Keifen,
ihr würdet bald die Flucht ergreifen.
Die Mittelstimmen jeder Gruppe
sie sind das Salz in jeder Suppe.

Sie sorgen dafür, dass beim Singen,
die Töne warm und rund erklingen.
Und die Moral von der Geschicht:
Verachtet mir die Männer nicht,
die in des Chores Mitte steh'n.
Sie sind zwar nicht so angeseh'n
wie Sänger an den beiden Rändern,
das muss sich aber schleunigst ändern.
Gebt ihr Applaus, dann denkt dabei
auch an Bass 1 und Tenor 2.

Die Blasinstrumente

Wie auf der Wiese viele Gräser
gibt's beim Konzert verschied'ne Bläser.

Schon früh erklang auf jeder Fete
mit hellem Klange die Trompete.
Sie ist nicht groß, auch nicht sehr lang,
doch forsch ertönt ihr lauter Klang.

Das Posthorn schallt von weitem schon
als ein Signal vom Postillion.
Das Waldhorn ist mit ihm verwandt,
der Bläser spielt's mit einer Hand.
Die andere steckt beim Horn vom Wald
im Trichter, wo der Ton erschallt.

Weil es so rund ist und so schön,
wird es gemalt und gern gesehen.

Seht, das Tenorhorn, das ist groß,
und lässt die tiefen Töne los.
Wer Tuba spielt ist meistens friedlich.
Sie tönt als Bass so urgemütlich,
ist riesig, dabei auch sehr schwer,
doch lieben wir die Töne sehr.

Stark ist die Frau und auch der Mann,
der die Posaune spielen kann.
Man muss sich körperlich bemühen
beim Blasen auch die Züge ziehen.
Man hat, soll's klappen mit den Klängen,

den Bizeps kräftig anzustrengen.
Und wer als Kind nicht richtig isst
wird niemals kräftger Posaunist.

Die Klarinette meldet stolz:
„Ihr seid aus Blech, ich bin aus Holz."
Da brummt die Tuba vorwurfsvoll,
dass sie die Klappe halten soll.
Herr Sax erfand das Saxophon.
Es ist verführerisch im Ton
und macht mit seinem tollen Schwung
manch altes Herze wieder jung.

Die Flöte ist ein Instrument,
das man schon seit Urzeiten kennt.
Wir denken bei dem Flötenschall
an Amsel und an Nachtigall.

Das Schlagzeug sagt ganz ungeniert:
„Ich schlag den Takt und ihr pariert!"
Es bringt den Menschen seit Epochen
den Rhythmus in die müden Knochen.
Der Bläserklang ist voll und rund
und so wie eine Wiese bunt.
Er klingt so schön, sodass am Schluss
ein jeder applaudieren muss.

4

Handarbeiten

Die Beliebtheit von 5 Handarbeiten beim Ehegatten

Wenn meine Frau spinnt, bin ich freundlich gesinnt.
Es summt fein das Rädchen, am Spinnrad das Mädchen,
das bündelt die Wolle und auf einer Rolle,
da spult er sich auf, der Fadenlauf.
Es surrt urgemütlich und alles ist friedlich.

Wenn meine Frau stickt, dann bin ich entzückt.
Die Fäden sind zierlich, das Bild wird manierlich.
Ein Vogel, ein Haus, sehn wunderschön aus.

Wenn meine Frau strickt, bin ich auch noch beglückt.
Das Klappern der Nadel verdient keinen Tadel.
Pullover mit Schal gelingt optimal.

Wenn meine Frau webt, wird halb nur gelebt.
Für's Fädengemisch gebraucht sie den Tisch.
Beim Wollegefussel, iss langsam, du Dussel,
sonst hast du, oh Not, die Wolle am Brot.

Wenn meine Frau näht, hau ich ab, wenn es geht.
Fast wie eine Biene brummt dann die Maschine.
Nicht immer passt alles, im Falle des Falles
flucht sie dann nicht schlecht, sitzt etwas nicht recht.

Beim nahen Besehen
sind Frauen, die nähen,
nicht die uns beglücken.
Lasst sie spinnen und sticken!!!

Verstrickt und zugenäht

Heute lassen die Emanzen,
die so gerne Männer fressen,
frech die tollsten Puppen tanzen;
haben die denn ganz vergessen,
dass in den vergangnen Zeiten
Mädchen spannen, webten, stickten,
und mit solchen Handarbeiten
ihre Männer gern beglückten.

Weil das heute nicht mehr geht
ist's verstrickt und zugenäht.

Ja, mit schönen Ornamenten
schmückten Decken sie und Kissen.
Mit galenten Komplimenten
ließen dann die Männer wissen,
dass die handgemachten Waren,
teils gehäkelt, teils gestrickt
selbst in spätren Ehejahren
noch ihr Männerherz entzückt.

Weil das heute nicht mehr geht
ist's verstrickt und zugenäht.

Jetzt, im 20. Jahrhundert,
wo die Uhren schneller laufen,
wird so etwas zwar bewundert,
leichter ist jedoch das Kaufen.
Selbstgenachtes sieht man nie,
Wohnkultur kommt aus Fabriken.

Man macht zwar in Nostalgie,
Handarbeit will selten glücken.

Weil's so traurig um uns steht
ist's verstrickt und zugenäht.

Hoch soll'n drum die Frauen leben,
die sich freuen an Textilien,
welche sie sich selber weben,
denn sie sind die bunten Lilien,
die dem grauen Alltagsleben
und dem Gleichschritt unsrer Zeiten
neue frohe Farben geben
um uns Freude zu bereiten.

Denn, wo das heut nicht mehr geht,
bleibt's verstrickt und zugenäht.

Zu einer Zackenschere

Wird ein Stoff glatt abgeschnitten,
löst ein Faden sich vom andern
und er müßte unbestritten
in die Mottenkiste wandern.
Aber „mit der Zackenschere
muss der Stoff geschnitten werden"
lernt man in der Näherlehre,
dann gibt's nie Verschleißbeschwerden.

So geht's auch in unserm Leben.
Glatt läuft's nie, stets gibt es Zacken.
Ob wir bummeln oder streben,
nichts klappt gut, man schlägt sich Macken.
Doch wenn unsres Daseins Lauf
stets verläuft mit glattem Rand,
hört des Lebens Spannung auf.
Es verschleisst dann der Verstand,
denn die Langeweile, heisst es,
ist der Feind des regen Geistes.

Freu Dich drum an kleinen Zacken,
die des Schicksals Schere schneidet.
Heute glaubst Du's nicht zu packen,
Morgen wirst Du drum beneidet.
Jeder Mensch wird feist und satt.
träge und gar bald verschlissen,
wenn er keine Macke hat,
das sollst Du zum Troste wissen.

5

Geburtstage und Jubiläen

Von allem ein bisschen

Wenn man die 70 überschreitet,
dann ist das von Verzicht begleitet.
Doch brauchst du dir in diesen Tagen
gottlob nicht alles zu versagen.
Gönnst du von Allem dir ein bisschen,
wird ein Genuss bald zum Genüsschen.
Ein helles Bier wird dann zum Bierchen,
dann hast du anderntags kein Tierchen.
Das große Kotelett wird zum Schnitzel,
das reicht für einen Gaumenkitzel.
Beim Umgang mit diversen Flittchen
wird schnell ein toller Hit zum Hittchen.
Trink keinen Wein, trink nur ein Weinchen,
sonst stehst du bald auf schwachen Beinchen.
Jedoch ein hochprozent'ger Trank
aus kleinen Flaschen macht nicht krank.
Kein Mensch, der stets dich achtet und verehrt,
so einen kleinen Asbach dir verwehrt.

Das Geburtstagsgeschenk

Als Hermann, der rüstige Rentner, zu einer Musikfreizeit ein-
geladen wurde, da hat er sich doppelt gefreut. Erstens konnte
er seine Tenorstimme auch im hohen Alter noch einmal nutz-
bringend anwenden, zum zweiten durfte er auch in den Pausen
seinen erst acht Wochen alten Enkel betreuen, der auf die Kon-
zertreise mitgenommen wurde.

Da störte es ihn wenig, dass er seinen eigenen Geburtstag
fern der Heimat verbringen musste... Zwischen Proben und Kon-
zerten fand Opa tatsächlich noch Zeit und Muße, seinem Enkel
etwas vorzusingen, um ihn in den Schlaf zu wiegen. Das klapp-
te aber nicht reibungslos, denn der kleine Kerl schrie aus Lei-
beskräften und war nicht zu beruhigen, weder mit Opas tiefer
Stimme, noch durch die liebevolle Zuwendung von Mama und
Papa. Er hatte Bauchschmerzen, und erfahrene Mütter sagten
dem Opa, dass bei fehlendem Stuhlgang hartnäckige Blähungen
einem Säugling die gute Laune verderben können... Hermann tat
das von Herzen leid, und er freute sich deshalb nicht so recht
auf sein Wiegenfest.

Aber just an diesem Tage wurde er schon am frühen Morgen
mit der Nachricht überrascht: „Die Windel ist voll!" - „Das ist
mein schönstes Geburtstagsgeschenk!" strahlte Hermann, als er
den jetzt zufriedenen kleinen Merlin auf den Arm nahm.

Wir lernen daraus, dass man Rentnern im vorgerückten Al-
ter mit jedem Sch...dreck eine Freude machen kann, und auch
Geschenke gerne angenommen werden, die nicht unbedingt von
Herzen kommen, sondern ein wenig tiefer angesiedelt sind.

Der 17. Geburtstag[1]

Claudia, Du musst schön brav sein
und so fromm noch wie ein Schaf sein,
darfst nicht trinken, darfst nicht rauchen,
Papas Auto nicht gebrauchen.
Warte noch 'ne kurze Frist,
bis Du endlich 18 bist.

Sei mit 17 noch solide,
folgsam, tugendhaft und prüde.
Noch ein Jährchen, dann heißt's leider:
„Die Madame ist aus dem Schneider!"
Warte sie noch ab, die Frist,
bis Du endlich 18 bist.

Geh mit Papa noch spazieren,
nächstens darfst Du auch poussieren.
Schau Dir schon die Knaben an,
die man später fangen kann,
später nach der kurzen Frist,
bis Du endlich 18 bist.

Trink statt Schnaps noch Limonade,
sicher ist das jammerschade,
doch was Scharfes zu kredenzen,
fehl'n vom Staat noch die Lizenzen.
Warte noch die kurze Frist,
bis Du endlich 18 bist.

---

[1]einem Mädchen ins Stammbuch

Rauch Havannah, aber später,
sei jetzt noch kein Schwerenöter.
Bleib den Discotheken fern.
Frage stets den alten Herrn
bis zu der nicht fernen Frist,
wo Du noch nicht 18 bist.

Was ich Dir hier unverhohlen,
liebes Mädchen, hab' empfohlen,
nimm's nicht ernst und glaub es nicht!
Selbst wenn Dich der Hafer sticht:
Bleib auch nach der kurzen Frist,
Claudia, so wie Du bist.

Ein Ausblick zum 50. Geburtstag

Dieter, gönn dir ein paar Klare,
denn du bist erst 50 Jahre.
Wenn es auf die 60 geht,
rät dein Arzt dir zur Diät,
und der Schnaps, der dir jetzt mundet,
schmeckt nicht, wenn die 6 sich rundet.
Nutz drum die Zehnjahresfrist,
wo du noch nicht 60 bist.

Geh durch heimatliche Fluren
und verzicht im Bad auf Kuren,
wo die Schatten länger werden
bei Gebrechen und Beschwerden.
Hexenschuss und Zipperlein
stellen sich jetzt selten ein.
Noch 10 Jahr', o jemineh,
dann tut's vorn und hinten weh.
Nutz drum die Zehnjahresfrist,
wo du noch nicht 60 bist.

Noch tun deine Gallensteine
dir nicht weh, du hast ja keine.
und die Steine in den Nieren
spülst du weg mit vielen Bieren.
Doch mit 60 streikt die Galle
bei dir im Besäufnisfalle,
und das Bier, wofür man schwärmt
gibt es nur noch aufgewärmt.
Nutz drum die Zehnjahresfrist,
wo du noch nicht 60 bist.

Einen Wunsch noch lass mich sagen:
Alle die besprochnen Plagen,
die ich hier im Vers verwildert
pessimistisch hab geschildert,
die Gebrechen voller Tücken
sollen dich niemals bedrücken.
Gehe fröhlich voller Ruh
friedlich auf die 60 zu;
Frohsinn und Humor bewahre,
denn du bist erst 50 Jahre.

Im Mittelalter hatte ein Mann das Recht, ab dem 50. Lebensjahr mit dem Titel „ehrwürdiger Greis" angesprochen zu werden. Das habe ich oft bei diesen Geburtstagen verarbeitet.

Zum 50. Geburtstag[2]

Wenn auch Reporter wild recherchieren,
fotografieren, nach Nachrichten schrein,
lassen Sie sich von dem Tun nicht verführen.
Es ist Ihr Recht, ganz gelassen zu sein,
denn Sie sind 50, dann ist man weise
und sitzt im Kreise ehrwürdger Greise.

Die sich entblättern in VOX und Pro Sieben,
regen nicht auf, man will sich doch schonen.
Denken Sie, wenn die sich kreuzweise lieben
auf ihrer Jagd nach den Einschaltmillionen:
Ich bin jetzt 50, dann ist man weise
und sitzt im Kreise ehrwürdger Greise.

Fliehen sie fort zu ganz lammfrommen Schafen
Ruhe und Frieden tun da so wohl,
und wenn Sie dann ohne Valium schlafen
flüstert im Traume ein Lamm aus Werdohl:
„Jetzt bist Du fünfzig, dann ist man weise
und sitzt im Kreise ehrwürdger Greise."

---

[2]Dem Fernsehredakteur Rüdiger Metze, der als Kind unsere Schäfchen sehr liebte

Aus gleichem Anlass habe ich meinem Freund
Gottfried Rademacher gratuliert:

Der 50. Geburtstag

Mag auch die Menschheit hastig genießen,
schieben, erwerben, bestechen und schrein
sich oft bedrohen oder auch schießen,
misch Du Dich da nie und nimmer hinein,
denn Du bist 50, dann ist man weise
und sitzt im Kreise ehrwürdger Greise.

Denk an die Zeit noch als Du geboren:
Jeder schrie „Heil" und viel ging entzwei,
Was man gewann, wurde wieder verloren,
denk dran und werde gelassen dabei,
denn Du bist 50, dann ist man weise
und sitzt im Kreise ehrwürdger Greise.

Bleiben nicht braun die nicht üppigen Locken,
spielt hier und da auch was Weißes hinein,
sei darauf stolz, aber sei nicht erschrocken
Weiß ist der Weisheit würdiger Schein.
Denk, Du bist 50, dann ist man weise
und sitzt im Kreise ehrwürdger Greise.

Sollt' Deine Tochter einst Zwillinge kriegen,
werd' nicht nervös, denn Kinder sind nett.
Freu Dich darüber und steig mit Vergnügen
zu Deiner zweifachen Oma ins Bett,
Aber beherrsch Dich, denn Du bist weise
und sitzt im Kreise ehrwürdger Greise.

In Deinem Garten bei Möhren und Astern
bist Du vergnügt und hast keine Sorgen,
meidest die Welt mit all ihren Lastern
und denkst an heute nicht schon an morgen,
denn Du bist 50, dann ist man weise
und sitzt im Kreise ehrwürdger Greise.

Sitzt Du im Sessel, man deckt Dich fein zu,
legt Dir voll Sorge ein Pfühl in den Rücken
und sagt dann: „Opa, ich wünsch' gute Ruh"
dann kann das Älterwerden bedrücken,
und ich sag ehrlich, dann ist es Sch...
in jenem Kreise ehrwürdger Greise.

Mögen bis dahin Jahrzehnte vergehen,
schöne Jahrzehnte voll Wonne und Glück,
trinke, was schmeckt, jedoch Selters lass stehen,
denk nicht nur vorwärts, denk auch zurück,
denn Du bist 50, dann ist man weise
und sitzt im Kreise ehrwüdger Greise.

Zum 60. Geburtstag

Mit 60 naht das Alter leise
und schenkt uns seine stillen Freuden.
Erst wird man weiß, dann wird man weise
und kann getrost die Zeit vergeuden.

Die Jungen, die sich Sorgen machen,
weil sie zu wild durchs Leben hecheln
und Dich als „Oldie" gern verlachen,
kannst Du mit 60 mild belächeln.

Märchenhafte Grüße zum 60. Geburtstag

Das Älterwerden muss nicht traurig stimmen.
Wir werden nämlich auf des Lebens Reise
in dieser raschen rauen Welt, der schlimmen
im Lauf der Jahre nicht nur still, auch weise.

Und meinen auch voll Hochmut jüngere Trabanten,
wir wären alt und nicht mehr ernst zu nehmen,
dann denk Du an vier alte Musikanten
auf ihrer Rentenwanderung nach Bremen.

Denn Esel, Hund, die Katze und der Hahn
gehörten seinerzeit zum alten Eisen
und packten trotzdem forsch das Leben an,
um wohlgemut nach Bremen zu verreisen.

Und was gelang den kuriosen Tieren?
Sie haben böse Räuber aus dem Wald getrieben
durch frisches und naives Musizieren.
So haben das die Brüder Grimm beschrieben.

Sie wollten uns mit diesem Märchen sagen:
„Wer optimistisch bleibt und fröhlich musiziert,
braucht in der bösen Welt nicht zu verzagen,
auch dann nicht, wenn er 60 Jahre wird."

Es grüßt aus Bremen diese Viererbande,
wünscht alles Gute Dir mit heiterm Sinn.
Ich schließ mich an im schönen Sauerlande,
dieweil ich auch ein grauer Esel bin.

Es grüßen Dich im Land der 1000 Berge
Specht, Meise, Amsel, Fink und auch der Star.
Es wünschen Glück Dir auch die sieben Zwerge,
bei denen früher mal Schneewittchen war.

Dornröschen grüßt vom schönen Sabaschloss.
Es hat im Alter Köstliches erfahren,
denn dieses späte Mädchen, das genoss
den ersten Kuss mit 115 Jahren.

Zum Schluss soll ich Dich von Prokofjew grüßen
vom Peter und von seinem Opa auch
und von dem Vögelchen mit flinken Füßen,
sogar vom Wolf samt Ente in dem Bauch.

Auch Deine Gäste wünschen Dir viel Glück
und für die Zukunft Lebensmut und Kraft.
Bleib treu der Kunst, denn nur mit der Musik
gestaltet man das Leben märchenhaft.

Das Millionenkind[3]

Du tratest in das Licht der Welt,
da gab es einen Haufen Geld,
nur wollte sich das Zeug nicht lohnen.
Franzosen saßen im Revier
und passiv reagierten wir
auf die so barsch besetzten Kohle-Zonen.

Man machte in Franzosenhass,
Du machtest teure Windeln nass,
trankst teure Milch aus teuren Flaschen.
Das gute Geld auf jeder Bank,
war nicht gesund, war schrecklich krank
trotz der Billionen in den Taschen.

Du hast gekräht, Du hast geschrien,
das hat man alles Dir verziehn,
Millionenkind in Deiner kleinen Wiege.
Was Vater leicht verbitterte,
dass Frankreich jetzt nicht zitterte,
denn Mädchen taugten nicht zum Kriege.

Das war Dein Glück, beim nächsten Krieg
gab's wieder keinen großen Sieg,
und alle braunen Bonzen wurden leise.
Geld war nichts wert und ganz geschwind
warst Du erneut Millionenkind
so schnell verdarben alle Preise.

---

[3]Einer Sangesfreundin zum 65. Geburtstag

Wenn man dann 65 ist
und diese Not auch nicht vergißt,
bleibt immer noch das Gold in Deiner Kehle.
Dies Gold steigt nämlich stets im Wert
und hat Dir niemals Not beschert.
Es ist ein Labsal für die kranke Seele.

Dies edle klingene Metall
erfreut die guten Menschen all',
die froh und freudig muntre Lieder singen.
Es soll Dir, Du Millionenkind,
wenn alle andern Werte unten sind
bei Haussen und bei Baissen Freude bringen.

Das dicke Fell[4]

Die Welt ist schlecht, die Zeit zu schnell,
Betrug und List regieren.
Wir wünschen Dir ein dickes Fell,
um sowas nicht zu spüren.

Es lügen Eichel, Koch und Kohl
und wollen uns betrügen.
Ein dickes Fell, das tut Dir wohl,
wenn sich die Balken biegen

Normal ist nichts, sensationell
ist, was wir tun und sagen.
Wir wünschen Dir ein dickes Fell,
um sowas zu ertragen.

Beim Kegeln leg es ab, das Fell.
Das nimmt Dir keiner übel.
Da wirf platziert, genau und schnell
und sei getrost sensibel.

---

[4]meinem Kegelbruder Alfons Paus zum 75. Geburtstag

Meiner Kusine Gertrud[5]

O, liebe Gertrud, es ist viel geschehen
seit Du das Licht der tollen Welt gesehen!
Wer fünfundachtzig Jahre übersieht,
Dem schlägt es doch erheblich aufs Gemüt,
was hier passierte auf des Erdballs Rund'.
Recht viel war gut, doch manches ungesund.
Der Strom kam auch ins letzte Bauernhaus.
Man fegt nicht mehr, man saugt die Stube aus.
Man fliegt zum Mond, man klont bald lila Affen
und wird noch manches Zweifelhafte schaffen.
Man kommt sich nicht mehr nah, man sieht nur fern
und wird's so einsam hier auf unserm Stern.
Das hast Du in den vielen Lebenstagen
zum Teil begrüßt, zum Teil auch nur ertragen.

Im Garten, unterm grünen Lindenbaum,
erlebte Gretchen einst der ersten Liebe Traum.
Das Mädchen hat sich damals schüchtern abgewandt,
berührte Hans sein Gretchen mit der Hand,
und züchtig blieb man im Verlobungsjahr
bis zu dem Jawort an dem Traualtar.
Heut' geh'n die Mädchen schon mit 14 schwofen
und fahrn mit ihren Boys den heißen Ofen.
In Discos tanzen beide wilde Tänze
und Pfeifen auf die feinen Myrthenkränze.
Man ist ganz scharf auf alles, was ganz neu ist,
weshalb der Hans dem Gretchen auch nicht treu ist.
Das hast Du in den vielen Lebenstagen

---

[5]zum 85. Geburtstag

zum Teil begrüßt, zum Teil auch nur ertragen.

Ein Eisprung war in Deines Lebens Mai,
der Knacks im sonntäglichen Frühstücksei.
Jetzt schränkt er Nachwuchs ein nach Knaus-Ogino.
Intimstes siehst Du heut in jedem Kino.
Die Medizin scheint jedes Leid zu stillen,
selbst gegen schlechte Laune gibt es Pillen.
Die Oma rührte Zuckerwasser um;
zum Schlafen brauchte sie kein Valium.
Heut schluckt man Medizin wie täglich Brot,
so kommt kein Bayer-Aktionär in große Not
Ja, Omas Mittelchen, die sind verpönt,
so sehr hat die Chemie uns heut' verwöhnt.
Das hast Du in den vielen Lebenstagen
zum Teil begrüßt, zum Teil auch nur ertragen.

Ach Gertrud, in vergangenen Epochen,
da musste Deine liebe Mama kochen.
Sie zog im Garten Möhren, Erbsen, Bohnen.
Im kalten Winter sollte sich das lohnen.
Denn was die Sommerzeit hervorgebracht,
wurd' auf dem Kohleofen eingemacht.
Aus Kappes schabte man das leck're Sauerkraut.
Heut' wird nur Eingefror'nes aufgetaut.
Ja, manche Hausfrau geht ganz pflichtvergessen
mit Mann und Kindern bei Mac-Donalds essen.
Oh, ganz verwildert sind am Tisch die Sitten
und Bratkartoffeln heißen heute Fritten.
Das hast Du in den vielen Lebenstagen
zum Teil begrüßt, zum Teil auch nur ertragen.

Die Jugend, die um achtundsechzig tobte
und alles, was pervers war, lauthals lobte,
man nun im Alter nicht mehr recht erkennt,
sie macht jetzt plötzlich mit bei dem Establishment.
Sie tragen als Minister feinen Zwirn
und sind auch heute stinknormal im Hirn.
Der Muff, den sie gedachten auszurotten,
der sitzt jetzt in den eigenen Klamotten.
Aus ist das ungebändigte Politgetümmel,
die Bäume wachsen halt nicht in den Himmel.
Das hast Du in den vielen Lebenstagen
zum Teil begrüßt, zum Teil auch nur ertragen.

Nur Dein Geburtstag, liebe Gertrud, sei
ganz ohne jede Miesepeterei.
Hier wollen Deine Gäste munter scherzen.
Sie wünschen alles Gute Dir von Herzen.
Wir wollen auf Dein Wohl das Glas erheben,
und dabei wird es keinen Misston geben.
Wir wollen in Erinnerungen kramen
in einem schönen feierlichen Rahmen.
So lässt sich manches aus vergangnen Tagen
mit einem guten Schluck sehr wohl ertragen.

Meiner lieben Nachbarin[6]

Ach, die Zeit treibt tolle Blüten.
Milch gibts heute nur in Tüten,
uns erfreut kein Milchmann mehr.

Ja, die schönen alten Zeiten,
die uns oftmals so erfreuten,
kommen niemals wieder her.

War ein Mädchen wem zu Willen,
halfen einstmals keine Pillen.
Es ging ab zum Traualtar.

Rettet uns auch vor der Pleite
jeder Apotheker heute:
schöner war's wie's früher war.

Sauerkraut, das selbst geschabte,
das uns stets im Winter labte,
konnte nirgends besser sein.

Heute hat es einen faden
Nachgeschmack. Gekauft im Laden
schmeckt es nur noch halb so fein.

Locker sind die heutgen Sitten,
Bratkartoffeln nennt man Fritten
alles gibt's im Tiefkühlfach.

---

[6]Frau Guth zum 89. Geburtstag

Alle Menschen werden kälter,
nur Frau Guth, die wird zwar älter,
doch rennt nicht der Mode nach.

Kocht die Wäsche ganz alleine,
hängt sie auf die Wäscheleine
und ist fröhlich allezeit.

Froher Sinn ist ihre Tugend,
und ein Beispiel für die Jugend
ist auch ihre Herzlichkeit.

Schluss eines Verlobungsgedichts[7]

Am Montag fängt die Woche an,
das ist der Lauf der Zeit.
Die Arbeitsstunde wird im Tran
zu einer Ewigkcit.
Doch reibe Dir erfreut die Hände:
Auch dieser Montag hat ein Ende!

Hast Du 'ne große Schuldenlast,
dann kann es Dir passieren,
dass zu Dir kommt ein lieber Gast,
um Möbel zu frankieren.
Ein mildes Lächeln dabei zeige:
Auch Deine Möbeln geh'n zur Neige.

Sitzt Dir als sturer Junggeselle
und Frauenfeind par excellence
ein hübsches Mädchen auf der Pelle,
so eine süße kleine Gans:
bleib ruhig, Jüngling, Du wirst sehn,
das Mädchen bleibt nicht ewig schön!

Als wir dereinst die Glocke lasen,
da hat sich mancher oft gedacht:
„Wüsst Schiller um das Trübsalblasen,
er hätt sie halb so lang gemacht ..."
Du quälst Dich, armer Bücherwurm,
doch endlich hängt das Ding im Turm!

---

[7] als man noch die Ringe links trug...

Auch diese Zeilen sollen enden.
Man kann sich nicht zu Tode schreiben:
Drum lasst es hiermit heut bewenden,
es muss was für die Hochzeit bleiben,
denn Ringe tragen junge Leute
nicht ewig an der linken Seite.

Die Welt ist verrückt - aber Paul ist gescheit[8]

Der Storch hatte einst falsch die Weichen gestellt,
deshalb kam der Paul in Werdohl auf die Welt.
Das war nicht korrekt, war ein Fehltritt, ein krasser,
drum taufte man Paulchen mit Herscheider Wasser.
Doch was die nicht ahnten, die damals ihn tauften,
dass zwei Jahre später die Menschen sich rauften.
Was die Völker nicht hatten, das wollten sie haben,
doch was kümmerte Paul das, den Herscheider Knaben.
Auch die Braunen und Roten, im Schlagen geübt,
die waren bei Paul nicht besonders beliebt.
Die glaubten, sie lebten in glorreicher Zeit.
Die Welt war verrückt, aber Paul war gescheit!

Als der Krieg Nummer zwei dann zu Ende gegangen,
da hielt man den Paul fern in Russland gefangen.
Die Sowjets, die dachten, der Deutsche, der ist
zwar keiner von uns, sondern Kapitalist;
doch wir setzen ihn ein, da sind wir nicht stolz,
denn der Kerl ist gesund und versteht was vom Holz.
Der Paul sagte ihnen: „Macht nicht soviel Pause
und lasst auch den Wodka, den scharfen, zu Hause.
Pfeift auf Stachanows Normen!" bemerkte er heiter,
„die halten nur auf und bringen nicht weiter!"
Doch war zu der Einsicht noch keiner bereit:
Die Welt war verrückt, aber Paul war gescheit!

---

[8]Meinem Vetter Paul Schulte, einem einfallreichen Unternehmer zum
90. Geburtstag

Mit Stielen für Äxte, für Schüppen und Besen,
da ist unser Paul stets erfolgreich gewesen.
Auch Hula-Hop-Reifen belebten nach Kräften
ein stetiges Wachstum in seinen Geschäften.
Viel sportlicher Ehrgeiz die Jugend erregte,
die mit diesen Reifen die Lenden bewegte.
Aus kräftigen Lenden, so hat man erfahren,
entsteht auch die Kundschaft in späteren Jahren.
Doch was helfen uns heute auch kräftigste Lenden,
wenn die cleveren Mädchen die Pille verwenden.
Für Nachwuchs zu sorgen, ist niemand bereit.
Die Welt ist verrückt, nur der Paul ist gescheit!

Ein Ausschuss soll klären, dass Bonzen oft lügen
und zwar so, dass die mächtigsten Balken sich biegen.
Das ist uns bekannt, das weiß doch ein jeder.
Erst log Kanther mit Koch, jetzt lügt Eichel mit Schröder.
Nur eines ist wahr, und das wissen wir auch:
die Wirtschaft ist pleite, die liegt auf dem Bauch.
Das wurmte den Paul, und er sagte sich nun:
Was kann ich mit Neunzig noch dagegen tun?
Er dachte: „Wenn Gäste die Gläser erheben,
dann muss das die müdeste Wirtschaft beleben!"
Wer Durst hat, der ist auch zur Hilfe bereit:
Ist die Welt auch verrückt, Prost, der Paul ist gescheit!

Die Hochzeitsspannung

Die Spannung zweier Kontrahenten
hält wach elektrisches Getriebe,
kann Kraft wie tausend Riesen spenden!
So ist es auch wohl in der Liebe.

Stets sei so spannend Eure Liebe,
damit Euch eines nicht ereile,
das Schlimmste, was es nur kann geben:
Die bitterböse Langeweile.

Das soll nicht Streit und Zwietracht heissen:
So wie beim Strom verschiedne Pole
vereintes Handeln uns beweisen,
sei's auch bei Euch zu Eurem Wohle.

Zur Hochzeit meiner Nichte

Ich kannte Dich als Mädchen von drei Jahren,
mit Augen, groß wie runde Spiegeleier,
mit ganz hellblonden, seidenweichen Haaren,
und sanftem Stimmchen bei der Weihnachtsfeier
mit einem allerliebsten Angesichte.
Ich war ganz stolz auf meine kleine Nichte.
Doch keiner durfte Dir zu nahe kommen,
denn nicht nur friedlich war Dein Sinn gestellt;
und hatte Dich Dein Vater ernst vernommen,
Du kleiner süßer Mittelpunkt der Welt,
dann hast Du Dich entwaffnet umgeschaut
und ganz empört gesagt: „Guck mal, der haut!"
Die Hand, sie blieb ihm dann im Fluge stehen,
Dein Vater war ja schließlich kein Sadist,
und was Du wolltest, musste stets geschehen.
Ich glaub, dass das heute noch so ist.
Drum, Winnie, sei nicht streng zu Deiner Braut,
sonst dreht sie sich mal um und sagt: „Der haut!"
Dann kannst auch Du ihr nimmer widerstehen,
wirst glücklich sein, wenn sie Dich wieder küsst,
und für den Kuss mit ihr ins Kaufhaus gehen.
Wenn Dich das freut, dann bist Du Masochist.
Das ist ein Mann, der freudig um sich schaut,
und seinem Weibe sagt: „Guck mal, die haut!"

Zur Silberhochzeit

Die Tage gehen hin, die Jahre.
Aus einem Jüngling wird so rasch ein Mann,
dem schönsten Beatle fehlen bald die Haare
und manche Hand, sie fängt zu zittern an.

Das Leben eilt, als hätt es keine Zügel
und niemand hemmt den ungestümen Lauf.
Es eilt dahin und, ach, des Zeitgotts Flügel
sind immer tätig, niemand hält sie auf.

Wie gut, dass es in jedem Menschenleben
bisweilen auch ein mussestündchen gibt.
Man schaut bei einem Glas aus edlen Reben
in die vergangne Zeit, die man geliebt.

Ein Gestern gibt es nur, kein graues Morgen
und lächelnd gleitet unser Blick zurück.
Vergessen sind die tristen Alltagssorgen.
Sich freudig zu erinnern ist ein Glück.

So sei's auch heut', das Paar im Silberkranze
soll dankbar sich erinnernd stille stehn,
und sich mit Freude in dem hellen Glanze
gemeinsam froh verlebter Zeiten sehn.

Wir wünschen Glück, und wird die Zeit auch böse,
bei Euch sei Freude und Zufriedenheit.
„Prost!"ruf ich aus, der Blick ins Weltgetöse
wird milder durch ein kühles Gläschen Wein.

Abschied von der Schule[9]

Gottlob, die Schulzeit ist zu Ende
man hat vor seinen Schülern Ruh,
drum reibt man sich erfreut die Hände
und schlägt die Schultür krachend zu.

Jetzt wird die Freiheit froh genossen.
Jetzt sage ich: „Was kost' die Welt!"
Jetzt werde ich ganz unverdrossen
nur etwas tun, was mir gefällt.

Doch werd' ich auch in stiller Stunde
mir sagen: „Lehrer sein war schön!"
und will aus diesem guten Grunde
gern als Chronist die Schule sehn.

Denn ein's muss ich mir eingestehen:
Wer nichts mehr tut, wird schnell zum Greise.
Drum sag ich still „Auf Wiedersehen."
und schliess die Schultür, ... aber leise.

---

[9]aus Anlass meiner Pensionierung

6

Familiäres

Omas unbekanntes ABC

Oma sprach „Um Gottes Willen,
gäb's doch ANTI BABY PILLEN"
denn der reiche BABY-BOOM
trieb die gute Oma um.
Kannte Krach in Kinderbetten
doch kein Lärmen von CASSETTEN,
kannte keine DIRTY TRICKS
und vom DÖNER hielt sie nix.
FAXEN waren dumme Sachen,
die oft junge Leute machen.
FAXEN konnte sie nicht lieben
hat stets mit der Hand geschrieben.
Schrieb oft Briefe voll Verständnis,
denn es gab noch keine HANDYS.
INPUT-OUTPUT-ANALYSEN
haben Oma nichts bewiesen.
Tabak konnte sie nicht freun
zog sich keinen JOINT herein,
kannte nichts von KNAUS-OGINO
und von KOLLE in dem Kino.
Sie las gut und klagte nie
über die LEGASTHENIE,
kam beim Rechnen, ei der Daus
ohne MENGENLEHRE aus.
Aß gern morgens früh und spät
und hielt nichts von NULL-DIÄT:
Ging als Mädchen und Matrone
nie im Freibad OBEN OHNE.
Keine Reise gabs nach Nizza
und im Städtchen keine PIZZA.

Eine QUARZUHR war im Land
auch noch völlig unbekannt.
So ein wild gewordner ROCKER
riß die Oma nicht vom Hocker.
SCHÖNHEITSMASKEN, SCHAUMWEINSTEUER
warn der Oma viel zu teuer.
Auch die TAUERNAUTOBAHN
ging die Oma garnichts an
ULTRASCHALL und VIDEO
fehlten Oma ebenso.
„Einen WETTERSATELLIT"
sagte Oma „bruk iek nit",
denn ein Hühneraugenstich,
sagte ihr, es ändert sich
unser Sauerländer Wetter.
Mal wars schlecht, dann war es netter.
Von der YANG-SHAO-KULTUR
wußte Oma keine Spur.
Auch von ZELLKULTURVERFAHREN
hatte sie noch nichts erfahren.
Kurz, sie wusste manches nicht,
wovon heute jeder spricht.

Das Dilemma von Ernst und von Emma

Als unser Opa die Oma gefreit,
fuhr ihm kein Auto vorn Bauch;
drum glauben wir, sie war golden die Zeit
und voll Beschaulichkeit auch.
Hättest du Ernst oder Emma gefragt:
„Gings ohne Hast bei euch zu?"
Hätten die beiden gemeinsam gesagt:
„Wir hatten nie uns're Ruh!"

Refrain (nach jeder Strophe):
Das war das Dilemma
von Ernst und von Emma.
Jetzt ist es Geschichte,
wenn man davon spricht.
Sie mussten sich plagen
in früheren Tagen
und süße Gedichte,
die kannten sie nicht.

Opa, der kaufte manch Schwein oder Rind.
Oma verkaufte die Wurst.
Nebenbei stillte sie hastig ein Kind,
denn so ein Baby hat Durst.
Umsatz war da und der Wohlstand trat ein,
wenn man so recht jetzt bedenkt.
Doch hiess es damals recht emsig zu sein,
denn man bekam nichts geschenkt.

Heut fliegt der Storch nur noch selten aufs Dach,
weil man manch Mittelchen nutzt.
So hat man Adebar, oh welche Schmach,
chemisch die Flügel gestutzt.
Opa und Oma, die wussten noch nicht,
wie man den Nachwuchs beschränkt,
drum tat der Storch allzuoft seine Pflicht
und hat sie reichlich beschenkt.

Fritz, der hat stets neue Bücher gebraucht,
manch neues Kleid musste sein.
Wilhelm, der hatte ganz heimlich geraucht
mit dem Karl Hoffmann vom Stein.
Trubel im Laden und Trubel im Haus
oft hing der Haussegen schief,
sodass man, klang so ein Tag endlich aus,
ganz ohne Valium schlief.

Oma, die sang wie 'ne Nachtigall fein,
das hat so manchen gefreut,
schien da ein Kind musikalisch zu sein,
hat es das erstmal bereut.
Schmellenkamp hieß am Klavier ein Tyrann,
der machte Kinder nie froh.
Man schloss sich ein, eh die Stunde begann,
schlotternd vor Angst auf dem Klo.

Wer unsern Opa als Geizhals sieht an
und schwarz in schwarz ihn nur malt,
hat dem Geburtstagskind Unrecht getan,
Ernst hat die Musen bezahlt.
Er hat sich selbst nicht nur reicher gemacht,

er hat auch Freude beschert.
Wer so wie er an die Kinder gedacht,
der sei noch heute verehrt.

Du bist mein Vorbild, du bist mein Idol

Ich weiß noch, du warst in der Spätpubertät,
und saßest des abends noch bei mir am Bett,
erzähltest Geschichten, denn es sollte gelingen,
den jüngeren Bruder zum Schlafen zu bringen.
Das war spannend und grauslich, doch bei mir armen Tropf
trat der Schlaf niemals ein, weil der Mann ohne Kopf,
von dem du erzähltest, mich so arg verschreckt,
sodass ich mich ängstlich im Kissen versteckt.
Ich kam kaum zur Ruhe, doch ich hab unbeirrt
meinen Bruder geliebt, der so schön fabuliert.
Beim Wetterbericht tut mir das heute noch wohl,
denn du bist mein Vorbild, du bist mein Idol.

Du erzählst die Geschichten zumeist aus dem Bauch.
Du warst faul in der Schule und ich war das auch.
Du hast Socken gesucht und niemals gefunden,
mir ging das genauso, ich gesteh's unumwunden.
Aus Schulheften, da hast du oft Flieger gemacht
und hast mir das auch noch gut beigebracht.
In Hefte mit sauberer Handschrift zu schreiben,
das passte uns nicht, das ließen wir bleiben.
Du segeltest gern auf den Küntroper Höhen,
ich nicht, doch ich hab es bewundernd gesehen.
Du fühltest hoch oben in Lüften dich wohl,
Du warst mein Vorbild, du warst mein Idol.

Du warst nicht Soldat, nein, du warst ein Flieger.
In der Ju, ganz hoch oben, da gabs keine Krieger.
Du warst nie Offizier, wie Papa das wollte,
weshalb er dir zürnte, weshalb er oft schmollte.

Nur unsere Oma konnt das nicht verdrießen,
weil die saufen und sich wegen Weibern erschießen.
Ich wäre aus Faulheit das auch nicht geworden
und pfeif so wie du auf Duelle und Orden.
Gehobene Ränge, die wollen wir meiden
und mögen die Uniformen nicht leiden.
Ich bleib' Zivilist und fühle mich wohl,
denn du bist mein Vorbild, du bist mein Idol.

Und heut wirst du achtzig, man sieht's dir nicht an.
Bist noch rank, bist noch schlank, ein gestandener Mann.
In viel Dialekten kannst du witzig parlieren,
kannst mit Maßen noch Cognac und Bierchen probieren.
Läufst noch Ski, bist als Opa beim Spiel unverzagt
bist noch allseits beliebt und bist allseits gefragt.
Du bist noch vital, was jeder hier weiß,
mit achtzig ist Pilla noch lange kein Greis.
Das hat seinen Grund, den ich auch gut kenne:
Der Pilla, der stammt aus der Stadt an der Lenne.
Der kernige Junge, der kommt aus Werdohl,
drum ist er mein Vorbild und bleibt mein Idol!

7

Von Kindern und Enkeln

Ich bin noch klein

Ich bin noch klein.
Hab geschmiert wie ein Schwein.
Hab im Sande gewühlt
und mich wohl gefühlt.

Ich war am Bach.
Da wurde ich schwach.
Hab nicht dran gedacht,
was so schmutzig macht.

Ich war in den Schlacken
und ach, meine Backen
sind schwarz wie beim Mohr.
Das kommt nie wieder vor.

Ich bin noch klein
und die Schweinereien,
die mir heute passieren,
kannst du noch reparieren.

An Felix Benedikt

Felix heißt Du und viel Glück
Soll das Schicksal Dir bereiten
Viele Freuden viel Musik
sollen Deinen Weg begleiten

Benedikt, gepriesen sei
dieser Tag in ganz Europa
über Deinen ersten Schrei
freun sich Oma und auch Opa

Deine Urgroßmutter ist
auch an diesem Tag geboren.
Richtig war darum die Frist,
die Du Dir hast auserkoren.

Der passende Tauftag

Getauft wurd Felix, unser lieber kleiner Raudi
so zwischen Himmelfahrt und Pfingsten, vor Exaudi.

Er wird am Vatertage deshalb lustig zechen
und danach zehn verschied'ne Sprachen sprechen.

Wer das im Kirchenjahre überblickt,
der weiß, die Wahl des Tag's ist gut geglückt.

In einer anderen Welt[1]

„Der Junge lebt in einer anderen Welt, er träumt und spielt, passt aber nicht auf!" sagte die Klassenlehrerin am Elternsprechtag zu Eduard, dem viel geplagten Vater. Dem schwoll der Kamm, er wollte seinem Knaben die Meinung geigen. Denn schließlich muss auch ein Elfjähriger schon wissen, was Sache ist. Voll Zorn verließ er also die mahnende Pädagogin, wollte die Straße vor der Schule überqueren und lief prompt einem Auto fast vor den Kühler. Der Fahrer bedachte den armen Eduard just mit den Ausdrücken, die der für seinen Sohn parat hatte, wenn die „alte Schlafmütze" nach Hause kommen sollte.

Im trauten Heim angekommen, haute er sich erbost in einen Sessel und versuchte seine Wut durch Zeitunglesen zu besänftigen. Aber weit gefehlt - hier ging der Ärger ja weiter. Er las über List und Betrug, über Mord und Totschlag, über Herrn Schröder und Frau Merkel, kurz über Dinge, die in der Welt passieren und wenig erfreulich sind. Solche Lektüre war kein Balsam für seine Emotionen. So lief er in der Stube hin und her, stieß sich mehrmals den Kopf an einer zu tief hängenden Lampe und trommelte wütend irgendeinen rechtsradikalen Marsch mit den Fingern an die Fensterscheibe.

Da sah er ihn kommen, den Sebastian „aus der anderen Welt". Seinen Geigenkasten hielt er in der linken und ein Stück Eis in der rechten Hand. Die Mütze saß falsch auf dem Kopf und beide Schnürsenkel schleiften über die leicht schneebedeckte Straße. Der Bursche hatte seine Augen überall, nur nicht zielgerichtet auf den Weg nach Hause. Hier fiel Schnee von einem Dach, das fiel ihm auf, dort flog ein Vogel in einen Busch, und

---

[1] Auswirkungen eines Elternsprechtages

da beobachtete er eine schwarze Katze, die seinen Weg kreuz-
te. Das alles erregte seine Aufmerksamkeit und veranlaßte ihn,
unökonomisch hin und her zu pendeln. Dabei kam es ihm nicht
in den Sinn, dass er einen Zahnarzttermin wahrzunehmen hat-
te, und Zahnärzte pfeifen auf Eisstücke, muntere Vögel, Schnee
und schwarze Katzen.

Jetzt tat Sebasatian noch ein übriges. Das Eisstück mutierte
zum Fußball, er trat es auf Umwegen, aber immerhin unbeirr-
bar hin zur heimatlichen Hütte. Offenbar simulierte er dabei
eine Fußballreportage, das zeigten die lebhaften Mundbewegun-
gen. So gelangte er nur allmählich, ja provozierend langsam zum
trauten Vaterhause, schellte stürmisch nach einem Rhythmus,
der ihm gerade in den Sinn kam und wurde von seinem Vater
empfangen, der — nichts von dem vollzog, was er sich wütend
vorgenommen hatte.

So fasziniert hatte der kleine Kerl seinen Papa mit jener
„anderen Welt“, wo es offene Schuhe, lustige Vögel, flinke Kat-
zen und runde Eisstückchen gibt, in der aber nörgelnde Lehrer,
wütende Autofahrer, bohrende Zahnärzte, aufregende Nachrich-
ten und zu tief hängende Lampen nichts verloren haben.

Der vierte Enkel[2]

Ein strammer Junge wurdest Du, kein spätes Mädchen,
wie wir das hier so gern gesehen hätten.

Kein Frühchen wurdest Du, nein, nein, ein Spätchen...
Das brachte uns in arge Schwulitäten.

Drum merke Dir, mein Kind, Du sollst im Leben
nicht allen frommen Wünschen Nahrung geben.

Sei souverän, nie krankhaft angepasst,
und was Du tust, das tue ohne Hast.

---

[2]Meinem Enkel Merlin ins Stammbuch

Der kleine Zauberlehrling[3]

Der Merlin, der im Walde lebte,
war als ein Wundermann bekannt.
Vor diesem alten Zaub'rer bebte
manch Rittersmann in unserm Land.
Geheimnisvoll und voller Raunen
hat man sein Treiben stets bedacht
und voller Angst und stillem Staunen
gesehn, was dieser Mann gemacht.

Da bist du aber anders drauf.
Du tust nur deine Augen auf
und siehst die Menschen freundlich an,
dann sind bezaubert Frau und Mann.

Es gab 'ne Diva, die sang Alt.
Zarah Leander hieß die Dame,
die wohnte nicht im tiefen Wald,
doch machte tiefgestimmt Reklame
mit Liedern und gewagten Texten,
die sinnlich und auch sündig klangen
und so die Männerwelt verhexten,
vom bösen Zauber wild umfangen.

Da bist du aber anders drauf.
Du machst dein kleines Mäulchen auf
und stimmst dein helles Stimmchen an,
dann sind bezaubert Frau und Mann.

---

[3]zu Merlin Leanders Taufe im Februar 2001

Bleib so, bezaubere mit Blicken
die Menschen, das wird sie entzücken.
Lass auch beim Sprechen, wie beim Singen,
bezaubernd deine Stimme klingen
und geh als fröhlicher Kollege
stets falschem Zauber aus dem Wege.

Der böse Junge

Ausgerechnet als seine Tante Marion zu Besuch kam, hatte der kleine Merlin($2 \frac{1}{2}$ Jahre) einen schlechten Tag. Obwohl die liebe Tante ihn reichlich beschenkte, bedankte er sich nicht, gab ihr nicht einmal ein Händchen und schlug sogar nach ihr. Die Tante, die als Erzieherin viel Verständnis für Kinder hatte und solche Trotzreaktionen zur Genüge kannte, war da sehr tolerant und ließ dem Jungen sogar noch im nahe gelegenen Spielwarengeschäft ein wunderschönes Polizeiauto zukommen. Merlin blieb mit seiner Zuneigung zu der lieben Besucherin aber sehr zögerlich. Na, beim Abschied verweigerte er wenigstens nicht das Händchen und hat sein Verhalten im Nachhinein auch überraschend objektiv beurteilt. Als die Eltern ihn nämlich besorgt fragten: „War die Tante Marion denn böse?", da gab er selbstkritisch zur Antwort: „Nein, ich war böse!"

Ach, wären wir Erwachsenen doch auch zu einer solch naiven Einsicht fähig und würden so vor der eigenen Tür kehren. Manches Missverständnis ließe sich ausräumen und mancher Streit mit „angeblich" bösen Menschen liesse sich vermeiden. Und würden sich unsere Politiker dieses grundehrliche Bekenntnis zu eigen machen, dann wäre unsere Welt vielleicht viel friedlicher.

Hier ist der kleine Merlin sogar dem mächtigsten Präsidenten der Welt überlegen. Dieses amerikanische Großmaul weiß nämlich nicht, dass es nicht nur anderswo Schurkenstaaten gibt, sondern auch sein hochgelobtes Amerika von Schurkerei keineswegs frei ist.

Ein unverbesserlicher Fan[4]

Williken, so hieß der kleine Grundschüler, der mit vollem Torni-
ster und heißem Herzen aus der Schule kam und der Frau Mama
voller Stolz verkündete, dass „wir" schon wieder eine Goldme-
daille gewonnen hätten und die Skiläuferin Rosi Mittermeier ein
Klassemädchen wäre. Das hätte sogar der Herr Lehrer gesagt.

Williken ging für das Goldmädchen durchs Feuer und war
böse, als sein unsportlicher Vater ihn mit der Bemerkung er-
nüchterte, dass „wir" - nämlich „wir Männer" - in Innsbruck
eine denkbar schlechte Figur gemacht haben. Kein As wie der
Österreicher Franz Klammer sei da weit und breit gewesen...

„Da konnten die deutschen Männer auch gar nicht gewin-
nen!" teilte Williken seinem alten Herrn darauf hin entschuldi-
gend und fachmännisch mit. „Sieh mal, die Abfahrtsstrecke war
3240 Meter lang und die Zugspitze, Deutschlands höchster Berg,
ist bloß 2963 Meter hoch. Wo sollten die trainieren?"

Der so belehrte Vater schwieg und beschloss, in Zukunft
Deutschlands sportlichen Männern mehr Verständnis entgegen-
zubringen, und auch nicht mehr zu behaupten, in unseren Schu-
len würde nichts Vernünftiges gelernt; nachdem er im Lexikon
die Meterangabe seines Sohnes bestätigt fand.

---

[4]während der Winterolympiade 1976

Der unverstandene Künstler

„Und nun spielt unser kleinster Geiger Ihnen noch ein Liedchen vor!" verkündete die Musiklehrerin bei einem Konzert mit den allerjüngsten Musikeleven.

Wer aber gehofft hatte, jetzt das Liedchen vom Nikolaus zu hören, der den Kleinen etwas bringt, die Großen aber laufen lässt, weil bei denen die eigene Kaufkraft ausreicht, der sah sich getäuscht. Der junge Mann hatte sein Instrument nämlich nicht mitgebracht und sah spöttisch, vielleicht sogar ein wenig triumphierend zu seinen Eltern hinüber, die sich etwas betreten anschauten.

Was war geschehen? Sebastian, so heißt dieser siebenjährige Dreikäsehoch, war immer stolz wie ein Spanier mit dem Geigenkasten zum Violinunterricht marschiert und hatte auch fleißig die ersten Striche geübt. Dieses Üben war aber keineswegs ein Ohrenschmaus für seine Angehörigen. Eltern und Geschwister verzogen sich diskret, wenn er dem armen, gequälten Instrument Töne entlockte, die dem Jaulen einer Katze nicht unähnlich waren. Der Vater hatte sogar geäußert, dass von dieser Art Musik die Milch automatisch sauer werden könnte.

Diese Mißachtung hatte der kleine Kerl wohl bemerkt und war in seiner Künstlerehre tief getroffen. Es lag ihm aber nicht, in Traurigkeit und Resignation zu verharren. Nein, „das junge Talent" trat wie ein gelernter Gewerkschaftler in den Streik. Er erwähnte nicht, dass er beim Konzert mitwirken sollte und ließ die Geige zu Hause. Deshalb kamen die Gäste um einen nicht unwesentlichen Kunstgenuß.

Fazit: Auch die kleinen Karajans beleidigt man nicht ungestraft...

Nemlich, ich hatte keine Lußt zu schreiben

„Fischlein", so heißt der kleine Kerl mit Spitznamen, der soeben mit mehr oder weniger Erfolg das Buckel-S (ß) geschrieben hat und sich nach dieser Anstrengung unbändig auf die Ferien freut, weil er jetzt bei jeder sich bietenden Gelegenheit im Wasser toben kann; denn schließlich heißt der magere Hering nicht umsonst „Fischlein"...

Das wußte auch sein Patenonkel und hatte dem kleinen Seemann zu Weihnachten ein Schlauchboot geschenkt, mit dem unser Freizeitkapitän nun bei jeder Gelegenheit in der nah gelegenen Talsperre auf große Fahrt gehen wollte.

Kleine Jungen haben nun einmal eine Vorliebe für das Wasser, wenn es nicht zu Reinigungszwecken missbraucht wird. Sie haben aber auch obendrein eine unbefangene Art sich zu äußern, wobei gestelzte Höflichkeit „außen vor" bleibt. Wenn sie solche „Statements" in rührender Unbeholfenheit auch noch schriftlich abgeben, ist das für den erwachsenen Leser von besonderem Reiz. Vor allen Dingen dann, wenn der Rechtschreibung nur eine untergeordnete Rolle zukommt.

Deshalb hätte doch der Patenonkel zu gern eine schriftliche Danksagung auf das Weihnachtsgeschenk gesehen, der Telefondank reichte nicht. „Fischlein" war aber nicht zu bewegen, ein Dankschreiben zu verfassen, vor allem jetzt nicht, wo er andauernd in See stechen musste. Nun drängten Mama und Papa aber mit Macht auf die Erfüllung seiner Pflicht, denn schließlich waren seit Weihnachten doch schon einige Monate vergangen. Jetzt hat er sich tatächlich einen Tritt gegeben und dem Onkel schriftlich gedankt. Von Reue über die Verspätung war aber ebenso wenig zu spüren, wie von Erfolgen bei der richtigen Anwendung des Buckel-S.

„Fischlein" schrieb wie folgt:

Lieber Onkel Friedrich,
Du must schon mal entschuldigen, dass ich mich jetz ers für das
Schlauchbot auf Weihnachten bedanke, nemlich ich hatte keine
Lußt zu schreiben!

Schade, dass unser kleiner, in der Orthografie noch unsichere
Korrespondent, diese köstliche Unbefangenheit einmal verliert
und später „wie die anderen großen Leute" etwas von irgendei-
nem Bedauern lügt, und diese schriftliche Heuchelei womöglich
gar mit „Hochachtungsvoll" abschließt.

Zu Julias Geburt

Ein „junger"Mann drang vor einigen Tagen " einen Kognak be-
gehrend in unsere Redaktion (Süderländer Volksfreund) ein, um
uns voll Stolz die Geburt seiner Tochter zu verkünden. Selbst-
verständlich hatte man beim Süderländer die entsprechende Me-
dizin für solche Fälle bereit und schenkte voll ein. Zu den zwei
Knaben, die der Vater schon sein eigen nannte, hatte sich nun
das zweite Mädchen gesellt. Nun mussten Karten gedruckt wer-
den, die den Verwandten und Freunden das freudige Ereignis
kundtun sollten. Kognak-geschwängert knobelte er an einem
entsprechenden Text. Der fiel dann folgendermaßen aus:

*Unsere Tochter Julia ist da. Jetzt steht es 2:2. Auf ein Elf-
meterschießen wird verzichtet.*

Man sieht: die Weltmeisterschaft 1974 hatte sogar familiäre
Folgen. Julia wurde am 17. Juli im Jahre des Fußballheils 1974
geboren.

Julia sucht Romeo[5]

Julia, ein reizendes, fast zahnloses Mädchen liebt ihn, ihren Romeo heiß und innig. Dieser Romeo kommt zwar nicht aus Italien, sondern aus Südfrankreich und heißt auch nicht Romeo, sondern Francois. Aber Namen sind Schall und Rauch. Unsere Julia liebt ihren Francois so, wie die historische Julia ihren Romeo geliebt haben mag.

Die Sache hat nur einen Haken. Julia ist sieben Jahre, Francois aber schon stolze 15 Jahre alt. Auf diesen erheblichen Altersunterschied machen Eltern und Geschwister die schwärmerische junge Dame mit aller Diskretion aufmerksam.

Das treibt die kleine Julia aber nicht in die Resignation. Sie kennt sich viel zu gut aus bei den klassischen Liebespaaren und kontert sachverständig: „Was soll das, der Charles ist sogar 12 Jahre älter als eine Diana!"

Da soll mir noch einer sagen, Mädchen seien mathematisch unbegabt.

Wenn es darauf ankommt und ihnen das Herz vor Liebe höher schlägt, dann können sie sogar im Vorschulalter schon recht gut rechnen.

---

[5]Die Geschichte ereignete sich kurz nach der englischen Traumhochzeit, man ahnte noch nicht, wie schief da manches gehen sollte. Julia hat ihren Francois auch nicht wiedergesehen.

Protest gegen Otto[6]

Ohne Dich genau zu kennen,
wollte man Dich OTTO nennen.
Das hast Du nicht sehr geliebt.
Die für OTTO sich entschieden,
wussten nicht, dass es hienieden
zweierlei Geschlechter gibt.

OTTO, das klang Deinen Ohren
ganz pervers und unverfroren.
Dieser Name war nicht fein.
OTTO konntest Du nicht leiden,
um dies Schicksal zu vermeiden
wolltest Du ein Mädchen sein.

Groll nicht, weil die Menschen irrten
und durch Otto Dich verwirrten,
bis spät die Erleuchtung kam.
Sei nicht OTTO, nicht Ottilie
und blüh auf wie ein Lilie:
Süsse kleine Miriam!!

---

[6]zur Geburt Miriams, die gottlob ein Mädchen wurde und so nicht Otto
heisst

Miriam und der Theaterbesuch

Wenn kleine Mädchen im Musikunterricht Fortschritte machen und beim Cellospielen fleißig sind, dann dürfen sie auch mit Papa in eine große Oper gehen, mag die Verwandtschaft auch noch so viele Bedenken haben wegen Überforderung, mangelndem Schlaf usw.

So erlebte die kleine Miriam (7) ihren ersten Theaterbesuch und war begeistert, denn Mozarts märchenhafte Zauberflöte stand auf dem Programm. Da passiert so viel Ungewohntes und Rätselhaftes, was eigentlich nur ein Kind verstehen kann.

So scheint die Lichtgestalt Sarastro erst böse zu sein, dann ist er aber edelmütig, und bei der Königin der Nacht, seiner Rivalin, sind diese Verhältnisse umgekehrt. Im Verlauf der Handlung stellt sich heraus, dass die zunächst mitleiderregende, leidende Mutter in Wirklichkeit ein Rabenaas ist. Was uns der Librettist Schikaneder da vorstellt, kann verständige „große Leute" verwirren, nicht aber ein naives kleines Mädchen.

Kurz, Miriam war begeistert und hat sich vor allen Dingen über den lustigen Papageno halb schlapp gelacht. Als sie mit leuchtenden Augen von ihrem musikalischen Erlebnis erzählte, schien sie nur bei einer Szene etwas nachdenklich geworden zu sein:

Da überreicht die Königin der Nacht ihrer Tochter Pamina einen Dolch, mit dem sie Sarastro ins Jenseits befördern soll, weil „der Hölle Rache in ihrem Herzen kocht." „Opa", sagte sie zu mir da leicht empört,„das hätte die Mama auch selber machen können!" Das hat Miriam eigentlich richtiger gesehen als Mozarts Librettist Schikaneder. Schließlich ist eine Tochter mit einem Mordauftrag eher überfordert als mit einem Theaterbesuch, selbst dann, wenn eine Oper erst am späten Abend endet.

Opa im Unruhestand

Opa war in den wohlverdienten Ruhestand getreten.

Das war für die Kinder und Schwiegerkinder ein Anlass, sich sehr freimütig darüber zu äußern, dass er nun bei der Oma angestellt würde und die Freiheit nicht so geniessen könnte, wie er sich das vielleicht vorgestellt hatte. „Der ist jetzt bei der GEMA", raunte man hämisch hinter vorgehaltener Hand, weil es nun heißt: „Gema in den Keller, gema aufn Boden, gema einkaufen" - und so weiter.

„Die Oma wird ihn wohl auf Trab halten", war die einhellige Meinung der missgünstigen Verwandtschaft. Da kamen sie bei der kleinen Miriam (8), die ihre Oma heiß und innig liebte, aber ganz schlecht an. Mit einer Resolutheit, die man dem sonst so lieben Mädchen gar nicht zugetraut hätte, haute sie energisch auf den Putz: „Das ist nicht wahr, dass die Oma den Opa zwingt. Das weiß ich ganz genau!!"

Sie verstand es auch, ihren Standpunkt mit Verve zu begründen und fuhr mit erregtem Stimmchen fort: „Wenn zum Beispiel der Rasen gemäht werden muss, dann sagt die nicht ‚du musst jetzt den Rasen mähen' nein, sie sagt: ‚Das Gras ist so hoch' und dann mäht der Opa!!"

Es ist erstaunlich, wie aggressiv unsere jungen Damen schon im zarten Alter sind und mit welch eleganter Manier sie ihre Männer zur Freiwilligkeit zwingen, wenn sie in die Jahre gekommen sind.

Liebe Rentner, aufgepasst: Mit weiblicher List kann der Ruhestand schnell zum „Unruhestand" werden.

Zur Geburt meines Enkels Jakob[7]

Diese Nacht hab' ich vernommen,
Du bist glücklich angekommen
auf dem bunten Erdenrund.
Sei gegrüßt und bleib gesund.

Eltern werden Dich umhegen,
Dich ernähren, schützen, pflegen
und mit wunderschönen Tönen
Dich beglücken und verwöhnen.

Du hast eine liebe Schwester,
die versorgt Dich auch, mein Bester,
dank Kartoffeln und Tomaten
wirst Du sicher wohl geraten.

Inflationen von Kusinen
sind mal süß wie Clementinen,
mal wie Jakobinerinnen
ähnlich wie die Frau von Sinnen.

Ziehe Deine eignen Kreise.
Hör nicht auf der Weiber Weise,
ob sie Freudentänze tanzen
oder geifern wie Emanzen.

[7]dem einzigen Enkel*sohn* mütterlicherseits

Sei willkommen in Europa!
Oma grüßt Dich und auch Opa,
und schrei laut, du kleiner Mann.
Das hat Papa auch getan.

Der Junge wurde auf den Doppelnamen
Jakob-Clemens getauft.

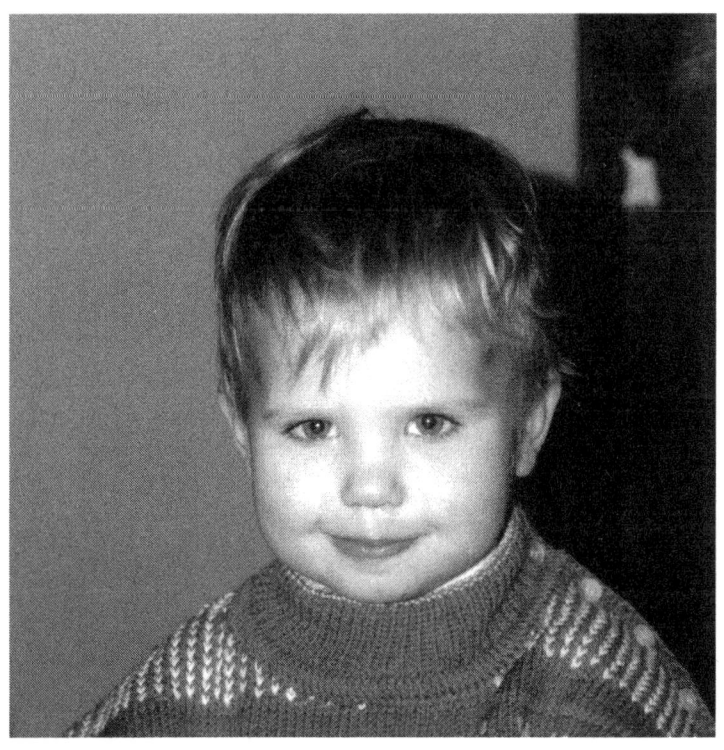

Ein Bauch ist keine Schande

Ein Bauch ist keine Schande und schlank gebliebene junge Damen sollten sich hüten, schnodderige Bemerkungen über ältere Herren loszulassen, die ein üppiges „Feinkostgewölbe" ihr eigen nennen. Sie sollten sich ein Beispiel an meinem dreijährigen Enkel Jakob nehmen.

Der saß kürzlich auf meinem Schoß, streichelte die unübersehbare Rundung meines Leibes und bemerkte dann zutreffend: „Opa, hast Du aber einen dicken Bauch!"

Als missgünstige Zuhörer auf die kindliche Aussage mit satirischen Seitenhieben reagieren wollten, schnitt der kleine Jakob ihnen das Wort ab und sagte voller Bewunderung: „Wenn ich einmal groß bin, will ich auch so einen dicken Bauch haben wie Opa!!"

So kann man Vorbild sein, ohne es zu ahnen. Ich trage jetzt auf jeden Fall mein Pilsgeschwür als würdevolles Merkmal stolz vor mir her. Selbst Leute, die mit Bauch aber ohne Enkel den Spott ihrer Umwelt ertragen müssen, sollten das auch tun.

Das kurze Konzert

Wenn in einer Familie Papa und Mama aktiv in einem Kirchen-
chor beschäftigt sind und bei einem Konzert gern mitwirken wol-
len, dann suchen solche musisch beschäftigten Eltern oft nach
Babysittern. Großeltern, die selbst an dem Kunstgenuß teilha-
ben wollen, kommen da nämlich nicht in Betracht.

Aber der gütige Opa erklärte sich angesichts einer solchen
Notlage bereit, seinen kleinen Enkel Jakob trotz der späten
Stunde einfach mitzunehmen.

„So kann man die Kinder am besten konzertreif machen",
war sein treffliches Argument.

Jakob nahm also neben dem Opa in der Kirchenbank Platz
und war zum Auftakt von einem wuchtigen Orgelpräludium
auch sichtlich beeindruckt... Als dann aber der Chor ein eher
besinnliches, geistliches Lied anstimmte, wurde der kleine Kerl
müde, lehnte sich beim Opa an und schlief, umrauscht von sanf-
ten Klängen selig ein.

Sänger, Instrumentalisten und auch der Organist boten dann
ein abwechslungsreiches Konzert, bei dem es recht lebhaft und
auch laut zuging. Unseren müden Musensohn störte das aber
überhaupt nicht. Er schlief weiter.

Zuletzt bedankten sich die Zuhörer mit ungewöhnlich lebhaf-
tem Applaus. Das machte den kleinen Schläfer plötzlich mun-
ter. Er rieb sich die Augen, reckte sich schlaftrunken auf und
bemerkte voller Erstaunen: „Das war aber ein kurzes Konzert!"

Nun mag der Leser entscheiden: ist der Junge konzertreif,
oder nicht?

Oma in Nöten

Jakob ist stolz auf seine Oma, weil sie mit ihrem Auto ausgezeichnet fertig wird. Er hat aber auch Mitleid mit der sonst so tüchtigen Großmutter, weil sie auf zwei Rädern Schwierigkeiten mit dem Gleichgewicht hat. Ihr wurde nämlich ein Fahrrad geschenkt, mit dem sie so schnell wie möglich in Aktion treten möchte.

Dem kleinen Jakob geht es in der Beziehung viel besser. Er fährt jetzt frei auf seinem Fahrrad und kann gänzlich auf Hilfsmittel verzichten. Bei allem Stolz hat er aber seine noch etwas unsichere Großmutter nicht vergessen.

„Jetzt kriegt Oma meine Stützräder!" hat er deshalb freudig verkündet. Ob sie dieses Hilfsmittel verwenden kann, ist fraglich. Die lebhafte Anteilnahme des kleinen Enkelsohnes hat ihr aber mächtig Auftrieb gegeben.

Wetten, dass sie deshalb bald fährt?!

Der Schrumpfopa

Die Tatsache, dass die Kinder heutzutage meistens größer, oder besser: länger als ihre Eltern sind, ist Anlass für wissenschaftliche Untersuchungen aller Art.

Da wird die schlechte Ernährung während der Kriegs- und Nachkriegszeit erwähnt, die den Größenwuchs der heutigen Senioren in Kindheit und Jugend behindert haben soll, da weisen auch Neunmalkluge auf elektromagnetische Wellen hin, die uns in unserer Umwelt nicht nur schädigen, sondern die Jugendlichen auch in die Länge ziehen.

Da wird schließlich der alte Gregor Mendel zu Rate gezogen, und die Dominanz des zur Länge neigenden Partners bei der Vererbung betont. Mein Enkel Jakob machte sich um solche pseudowissenschaftlichen Überlegungen keine Gedanken. Der ist viel naiver und viel direkter.

Als er feststellte, dass sein Papa erheblich größer ist als der dazugehörige Opa, da war für ihn der Fall sofort klar und er sagte zu dem kleinen Großvater ohne jede tröstliche Attitüde: „Ja Opa, wenn man alt wird, schrumpft man eben."

Damit lag er wenigstens teilweise richtig, während die wissenschaftlichen Hirnakrobaten sich total irren können.

Das Zigeunervorbild[8]

Oh, lieber Paul, ist es nicht wunderbar
und durchaus keine familiäre Schande
dass einer Deiner Ahnen einst Zigeuner war
im waldbedeckten Wittgensteiner Lande?!
Dem strebe nach, hab stets am Dasein Freude,
bleib nicht am Boden haften, zieh hinaus.
Da draußen ist das Leben schön, doch im Gebäude,
da sieht die Welt nicht selten triste aus.
Mach oft Musik, die wir so gerne hören,
streich auf der Geige einen flotten Darm.
Dann kannst Du kleine Mägdelein betören,
denn Musikanten sind der Damen Schwarm.
Trink guten Wein, iss gerne Schweinebraten,
wie der Baron beim muntren Johann Strauß.
Wirkt etwas zu exakt, wie bei Soldaten,
mein lieber Paul, dann halte Dich da raus.
Werd Musikante oder Scherenschleifer,
streb nicht nach Reichtum, hab das Leben lieb.
Bewahr Dein Herz vor allzu blindem Eifer,
doch werde nie und nimmer Taschendieb.

---

[8]meinem frischgetauften Enkel Paul mit auf den Weg

Im Beichtstuhl

In einer kleinen westfälischen Dorfkirche fand in diesen traurigen Januartagen ein Konzert statt.

Die Mama des kleinen Paul, der eben erst achtzehn Monate alt war, wollte sich dieses Ereignis nicht entgehen lassen, aber alle denkbaren Babysitter waren ebenfalls konzertbegeistert. Also: wohin mit dem Knaben? Mitnehmen!

Paulchen war am Anfang auch lieb. Dann wollte er aber runter von Mamas Schoß und ließ sich auch von der Oma nicht beruhigen. Durch die Kirche marschieren, während die Gemeinde andächtig den Klängen barocker Musik lauschte, das wars. Er störte nicht sonderlich. Er gab keinen Laut von sich. Plötzlich war Paulchen aber weg. Deshalb nutzte Mama eine Stimmpause, um nach ihrem Liebling Ausschau zu halten. Auf Anhieb hatte sie keinen Erfolg, denn der Knirps hatte sich im Beichtstuhl verkrochen. Mag sein, dass er die Hose voll hatte, aber das wird in einem solch zartem Alter noch nicht mit einer Buße im Beichtstuhl belegt. Mama hatte Paulchen wieder und Paulchen blieb auch brav auf Mamas Schoß sitzen.

Nur als alle um ihn rum beim Schlussapplaus heftig „backe backe Kuchen" machten, da rührte er auch seine Hände und bewegte sie lebhaft im Rhythmus dieser bekannten Melodie.

Über Lawinen

Mein kleiner Enkel Paul (4) wohnt in einem kleinen Dorf bei Werl. Hin und wieder belebt da ein Baum die Landschaft, sonst ist alles platt. Deshalb ist er begeistert von unserem schönen Sauerland. Da sind hohe Berge, dichte Wälder und auch Bäche, die nicht nur gemächlich fließen, sondern munter von den Bergen springen.

Da könnte man jetzt zur Winterzeit sogar richtig Schlitten fahren, statt sich von Mama und Papa im langweiligen Trott durch den Schnee ziehen zu lassen. Er soll uns in den nächsten Tagen auch besuchen, aber da plagt ihn großer Kummer.

Der durch Fernsehsendungen aus den Alpen ängstlich gewordene kleine Mann fragte nämlich vor einigen Tagen voller Sorge: „Mama, kommen bei dem vielen Schnee nicht jetzt in Werdohl Lawinen runter?"

In dieser Beziehung konnte die ortskundige Mama ihren Paul beruhigen: wir haben in Werdohl zwar oft einen vollen Trog und mehrere vom Hochwasser bedrohte Parkplätze, aber Lawinen sind noch nie vom Klosterberg ins Tal gerollt. Da kann er ganz unbesorgt sein.

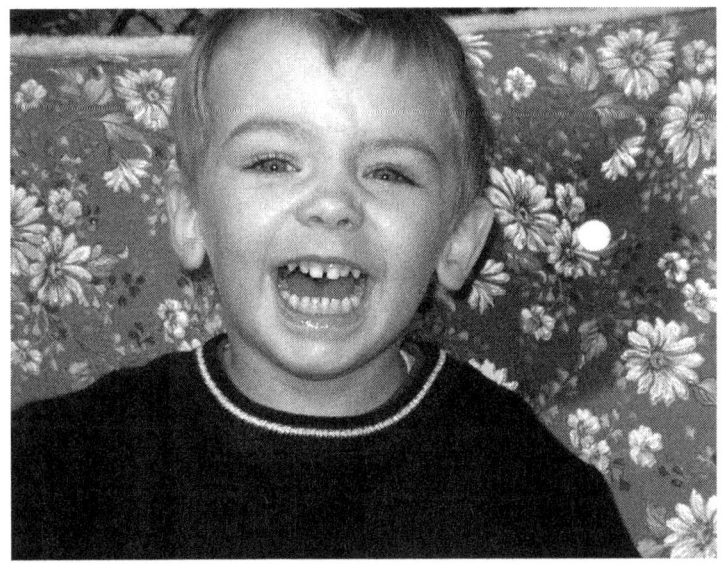

Ich lass dich auch gewinnen

In Erinnerung an die eigene Jugendzeit habe ich meinem kleinen Neffen zum Weihnachtsfest ein Tischfußballspiel geschenkt und ihm damit eine große Freude gemacht.

Allerdings hatte ich dabei nicht überlegt, dass zum Spielen schließlich zwei Partner gehören, und ich trotz meiner fortgeschrittenen Jahre und einem ansehnlichen „Pilsgeschwür" zum Mittun aufgefordert werden würde. Das Drehen der schwarzgelben oder rotweißen Fußballpuppen machte mir einige Mühe, zumal ich - im Gegensatz zu meinem Partner - den Kinderschuhen entwachsen war und das Spiel in gebückter Stellung zu bewältigen hatte.

Erstaunlicherweise war ich meinem erst siebenjährigen Neffen trotzdem noch leicht überlegen. Da mir sportlicher Ehrgeiz völlig fehlt, richtete ich es immer so ein, dass mein kleiner Gegner bei den erzielten Toren stets knapp vor mir lag. So konnte ich Frustrationen vermeiden, die bei den ehrgeizigen „Mini-Klinsmännern" nicht selten Wutanfälle auslösen. Es war kein leichtes Geschäft, diese absichtsvoll herbeigeführten Niederlagen so unauffällig wie möglich erscheinen zu lassen. Zu der körperlichen Pein, in gebückter Stellung zu hantieren, kam noch die Sorge, ja nicht durch einen leichtsinnigen Torschuss das Seelenleben meines empfindsamen Partners durch eine Niederlage zu beeinträchtigen.

Als ich nach einer Reihe von knapp verlorenen Spielen Erholung bei einer gemütlichen Zeitungslektüre suchte, dauerte meinem unermüdlichen Spielgefährten die Halbzeitpause zu lang. Hinweise auf meinen schmerzenden Rücken, meine unsportliche Figur und eine altersbedingte Schwäche ließ er nicht gelten. Schließlich versuchte der kleine Kerl mich mit einem besonderen Angebot zu aktivieren und bat mich mit überzeugender Naivität: „Spiel doch weiter mit mir, ich lass dich auch gewinnen!"

Ob er den Braten bei meiner Spielweise gerochen hatte, weiß ich nicht. Jedenfalls sind wir beide bei den nächsten Fußballspielen sehr pfleglich miteinander umgegangen.

8

Anekdötchen

Ungemischte Freude

„Des Lebens ungemischte Freude wird keinem Irdischen zuteil"
An dieses Schillersche Zitat werde ich erinnert, wenn ich an das
Schicksal unserer Rosen im heimischen Garten denke. Wenn eine
Knospe zum Bersten prall ist und wir auf eine prächtige Blüte
hoffen dürfen, ist der Zauber am nächsten Morgen verflogen,
weil Rehe unsere Leidenschaft teilen und die schönen Blumen
im wahrsten Sinne des Wortes „zum Fressen gern haben".

Dabei bleibt es nicht, auch die Blätter rupfen sie, den Sta-
cheln zum Trotz, ab, sodass oft nur Strünke stehen bleiben. Vol-
ler Wut habe ich schon oft gewünscht, dass die Viecher vom
Jäger „einen verplättet" kriegen und dann als Delikatesse mit
auf den Tisch kommen.

Vor einigen Wochen sahen meine Frau und ich aber eine
Ricke mit zwei weiß gefleckten, noch unsicher stakenden Kitzen
aus dem Wald kommen und haben bei diesem idyllischen Bild
nicht mehr an unseren Rosenkrieg gedacht. Fast täglich können
wir sie seitdem morgens zur gleichen Zeit sehen und dabei gut
beobachten, wie prächtig sich die erst so tapsigen kleinen Ro-
senfresser entwickelt haben.

Neben unserem Igel, der sich am übriggebliebenen Katzen-
futter gütlich tut, haben wir auch an der Ricke mit ihren be-
hende springenden Kitzen unsere tierische Freude.

Nur den Rosen trauern wir nach und auch den Stiefmütter-
chen, die ebenfalls von unseren vierbeinigen Freunden nicht ver-
schmäht werden. Man kann eben nicht alles haben, und Schiller
hatte schon vor 200 Jahren recht, als er sagte:

„Des Lebens ungemischte Freude wird keinem Irdischen zu-
teil" – auch keinem Gartenfreund, der gleichzeitig Tierliebhaber
sein will.

Augenbrauen

„Mensch, du hast Augenbrauen wie Theo Waigel!" war ein Kompliment, das ich vor einigen Jahren oft hörte.

Jetzt hat diese Zustimmung etwas nachgelassen. Zum einen ist der bayerische Theo nur noch wenig im Geschäft, zum zweiten hat meine mir angetraute Hausfriseuse diese auffällige Haarpracht immer wieder gestutzt, damit ich nicht so wild aussehen soll. Es ist auch nicht mehr viel los mit den Brauen, sie sind grau und unansehnlich geworden und Ähnlichkeiten mit unserem früheren Finanzminister sind kaum noch feststellbar. Da kann man schon resignieren, aber das sollte man nicht voreilig tun.

Als ich nämlich in diesen windigen und regnerischen Tagen nach Hause kam und meine Mütze vom Kopf zog, stellte ich bei der Betrachtung im Spiegel fest, dass zerzaustes, graues Haar halb lockig aber mehr wüst mein Haupt zierte. Ich war, was meine haarige Ausstattung anbetraf, die europäische Treppe raufgefallen.

Jetzt glich ich nämlich dem Wächter über unsere Euro-Finanzen, dem Holländer Wim Duisenberg.

Das volle Portemonaie

Brötchen sollte ich einkaufen, sonst nichts, da kam ich der Verkäuferin mit meinem 20 DM-Schein recht ungelegen.

Nun, sie war so freundlich und wechselte den „grünen Riesen" ein. Drei schwere 5 DM-Stücke und kleineres Gelumpe musste ich dabei aber verstauen und ich war durch meine volle Geldbörse mehr belastet, als durch die eingekauften Brötchen.

Es war warm, die Schritte wurden schwer, zumal sie durch das viele Geld in der Hosentasche noch zusätzlich behindert wurden. In einer solchen Situation fliegen einem selbst am frühen Morgen die abstrusesten Gedanken durch den Kopf. Dabei war ich nicht nur fröhlich gestimmt, sondern dachte auch über die Missgeschicke nach, die sich bei uns und in der Welt ereignen.

Kein Wunder, dass mir dabei auch das miese Abschneiden unserer Fußball-Millionäre in den Sinn kam, die ihren Amerika-Aufenthalt so abrupt abbrechen mussten.

Ähnlich wie Beckenbauer, Braun und Berti fragte ich mich: „Wie konnte das passieren!?" Da lieferte mir das bewegungshemmende Hartgeld die überraschende Erklärung: „Mit einem vollen Portemonnaie kann man verdammt schlecht laufen!"

Fäkalische Kriegsführung

Historisch interessiert war er schon, der kleine sechsjährige Robert, mit dem ich während einer Familienfreizeit auf der Freusburg an dem ehrwürdigen Gemäuer vorbei spazierte.

Seine Vorstellungen über die einst in der Burg lebenden Ritter trafen aber die Wahrheit nur selten, sondern entsprangen eher seiner rührend naiven kindlichen Phantasie. So wies er auf die hoch in der sonst glatten Mauer angebrachten Vorsprünge hin und behauptete in kindlicher Unbefangenheit: „Das waren die Klos."

Ohne meine Bestätigung abzuwarten, erklärte er mir dann zunächst ohne Umschweife, warum diese stillen Örtchen dort untergebracht waren.

„Weisse", betonte er nicht ganz so dialektfrei, „das haben die dahin gebaut wegen dem Feind. Wenn der nämlich kam, dann gingen die Ritter auf'n Klo und dann..., dann..., ja dann...".

Hier wurde sein sprudelnder Redefluss auf einmal zögerlicher, bis es nach meiner aufmunternden Frage „Ja, was dann?" befreit aus ihm herausplatzte:

„Ja, dann sch... sie dem Feind von oben auf den Kopf und der lief weg!"

Schade, dass der kleine Robert später erfahren muss, dass so eine fäkalische Kriegsführung nur begrenzt wirksam ist.

Ansichtskarten

Schade, dass der Brauch, auch bei kleinen Sonntagsausflügen seine Lieben mit einer Ansichtskarte zu erfreuen, in unserem Handy-Zeitalter ganz aus der Mode gekommen ist. Bedauerlich zudem, dass man die alten Ansichtskarten nicht verwahrte, sondern sie als Altpapier verrotten ließ.

Als ich in der Rundschau vor einigen Wochen gelesen habe, dass die sauerländischen Talsperren übervoll sind, erinnerte ich mich an eine Karte, die ein siebenjähriger Schulranzenritter an seine Oma geschrieben hat - mit folgendem Wortlaut:

„Liebe Oma! Ich bin mit Papa und Mama an der Östertalsperre. Tante Olga ist auch da. Sie läuft über. Viele Grüße, Dein Klaus".

Den Namen habe ich geändert, denn die Tante lebt noch, ist gelinde gesagt recht vollschlank und kann ihre Vorliebe für Sahnetorten auf nahrhaften Ausflügen nicht verleugnen. Der falsche Bezug auf der Postkarte hat also durchaus seinen übertragenen Sinn.

Bescheidener Weihnachtswunsch

Monika hat einen Bruder, der fünf Jahre älter ist als sie. Der ist in einer Phase, in der man von „Weibern" nichts wissen will. Er ist deshalb keineswegs ritterlich seinem Schwesterchen gegenüber, und es kommt nicht selten zu Reibereien.

Unsere kleine Monika scheint darunter zu leiden, denn als sie von ihrer Oma nach einem Weihnachtswunsch gefragt wurde, da sagte das frustrierte und rührend bescheidene Mädchen: „Ich wünsche mir einen lieben Bruder."

Das ist ein billiges Verlangen, aber dieser Wunsch wird bei der rauen Denkungsart unserer heranwachsenden Jungengeneration wohl unerfüllbar bleiben. Wenigstens vorläufig, denn auch die wildesten Rangen können sich mit zunehmenden Alter zu höflichen Kavalieren entwickeln.

Hoffen wir das Beste!

Die Ohrenschützer

„Du darfst nicht ohne Ohrenschützer nach draußen gehen!" sagte meine besorgte Ehefrau, als ich an einem kalten Januartage hinaus in die Ferne wollte.

„Die ziehe ich nicht an, damit sehe ich wie ein alter Opa aus!" war meine Antwort.

„Das bist du doch auch!" konterte daraufhin mein trautes Weib. So ungern ich das zugebe: damit lag sie richtig, denn ein Blick auf den Familienkalender belehrte mich, dass mein ältestes Enkelkind in diesem Jahre seinen zehnten Geburtstag feiern wird.

Ohrenschützer lege ich trotzdem nicht an. Schließlich haben auch wir Männer das Recht, eitel und unvernünftig zu sein. Das lasse ich mir auch als altgedienter Großvater nicht nehmen.

Der ökonomische Faulpelz

Betrachtungen älterer Mennschen über ihre Schulzeit klammern oft unangenehme Dinge aus oder verharmlosen sie.

So hat es uns - anderen Ansichten zum Trotz - sehr wohl in unserer Kindheit geschadet, dass wir von einigen Lehrern und bedauerlicherweise auch Lehrerinnen wegen der kleinsten Verfehlungen schrecklich verprügelt wurden. Einigen Schülern wuchs dabei aber ein dickes Fell, und abgestumpft nahmen sie hin, wenn sie durch körperlichen Schmerz zur Räson gebracht werden sollten.

So ging es auch meinem Schulkameraden Willibald. Er machte nie Hausaufgaben und wurde am anderen Morgen deshalb regelmäßig elendig vertrimmt. Im vertraulichen Gespräch forderten wir anderen ABC-Schützen unser bedauernswertes Prügelopfer auf, doch zuhause seine Pflicht zu tun, damit er vor dem Rohrstock bewahrt wird.

Da lachte unser Willibald aber nur, erklärte verschmitzt und sogar weise auf „Werdohler Deutsch": „Bin doch nicht bekloppt, Kloppe krisse nur 5 Minuten, aber Schularbeiten musse ne ganze Stunde machen!"

Immer dieselben

Dass ihre Kinder im großen und ganzen gute Lernfortschritte machten, hörten die Mütter und Väter in einer Elternversammlung einer hiesigen Schule recht gerne. Da aber ein Lehrer nie ohne gehobenen Zeigefinger auskommt, meldete der sonst zufriedene Pauker einige Bedenken bezüglich der hormonellen Entwicklung seiner Zöglinge an. „Sagen Sie Ihren Jungen und Mädchen doch bitte, sie möchten sich in den Pausen nicht immer so intensiv abknutschen. Das macht einen denkbar schlechten Eindruck. - Ich weiß ja, es sind immer dieselben!"

„Ach", warf da ein vielgeplagter Vater einer vielgeliebten Tochter ein, „freuen Sie sich doch, dass es immer wieder dieselben sind. Stellen sich sich vor, die würden auch obendrein noch andauernd die Partner tauschen!"

Kampfspiele

Kürzlich habe ich in irgendeiner Werbung gelesen, dass unserer heranwachsenden Jugend neuerdings auch Kampfspiele per Computer angeboten werden. Mag ja ganz nützlich sein, so ein maschinelles Mittel zur Aggressionsabfuhr bei unseren lieben kleinen und großen Kindern.

Aber war es früher nicht viel schöner?!! Da waren wir viel mehr an der frischen Luft und haben uns gegenseitig selber verhauen. Live läuft wohl bald nichts mehr in unserer verflixten und verkabelten Welt.

Der aufdringliche Klapperstorch

Vor vielen Jahren, als noch der Klapperstorch als Fabeltier, je nach Lage der Dinge, sein Wesen oder Unwesen trieb, stand in einer kinderreichen sauerländischen Familie wieder ein freudiges Ereignis unmittelbar bevor. Notlügend verkündete da der Papa seinem Nachwuchs:

„Mama will ein paar Tage zu Oma verreisen. Ich bringe sie eben zum Bahnhof." Nach geraumer Zeit kehrte der Herr des Hauses freudestrahlend zurück und erzählte seinen Kindern:

„Stellt euch vor, der Klapperstorch hat euch heute ein kleines Schwesterchen gebracht!" Der kleinen Tochter Mathilde war das gar nicht recht, ja sie war sogar böse auf Freund Adebar und bemerkte spitz: „Der hätte auch ein paar Tage warten können, bis Mama wieder zuhause ist. Wir haben jetzt Durcheinander genug!"

Der gute Rat

Onkel Eduard, ein vom Frühjahrsputz gestresster Ehemann, rät allen seinen auf Freiersfüßen befindlichen Neffen, die sich in ihrer unordentlichen Single-Wohnung noch sauwohl fühlen, die Damen ihres Herzens vor dem eventuell angedachten Gang zum Traualtar beim Besuch eines Konsumtempels einer genauen Prüfung zu unterziehen. Kauft sie zunächst eine Matratze, dann kann das sehr verlockend sein, solange man noch jung und knusprig ist. Kauft sie eine Küchenmaschine, dann ist das noch viel besser, denn Essen und Trinken hält bis zur diamantenen Hochzeit Leib und Seele zusammen. Ist sie aber in erster Linie auf Besen, Staubsauger oder Dampfreiniger und ähnliche Folterinstrumente erpicht, dann rate ich Euch dringend, von einer Eheschließung abzusehen - denn sonst ist es mit dem „Sauwohlfühlen" bald vorbei.

Der ersehnte Regen

Klaus, Rüdiger und Kurt wäre beim Thekengespräch an einem Samstagnachmittag bald der Unterhaltungsstoff ausgegangen. Der letzte Fernsehkrimi war abgehakt, und über schlechte Schiedsrichterleistungen hatten die drei reichlich beleibten Fußballfans auch schon ihren Unmut geäußert. Dabei waren Worte gefallen, die dem zart besaiteten Leser hier nicht zugemutet werden sollen.

Da blieb schließlich nur noch das wechselhafte Wetter übrig, das den drei Familienvätern nur langweilige „Holzkistensonntage" ermöglichte und deshalb eigentlich nur noch in der Kneipe zu ertragen war. Kurt, der jüngste unter den Zechbrüdern, war da aber anderer Ansicht: „Weisse", sagte er in unverkennbarem heimischen Dialekt, „wenns am Regen iss, kannsse nich in Garten, aber wenn de Sonne scheint, dann jagt mich meine Gertrud raus und ich muss Rasen kultivieren, Moos von die Pflastersteine spritzen und zarte Wildkräuter auszupfen, die Gertrud, trotz de moderne Ökologie, immer noch „Unkraut" nennt. Da krisses in Kopp! Deshalb freu ich mich immer aufn Regen!"

Als ob Petrus auf dieses Stichwort gewartet hätte, zogen plötzlich dunkle Wolken auf, und ein Graupelschauer machte im Nu alle Dächer weiß. Kurt stand vom Hocker auf, packte seinen Regenschirm und wanderte in dem Sauwetter fröhlich dem heimatlichen Herd zu.

Klaus und Rüdiger, die schon länger das Joch der Ehe trugen, nickten nachdenklich mit dem Kopf, als ob sie sagen wollten: „Recht hat er, der Kurt!" - und bestellten sich resigniert das nächste Glas Bier.

Der Bruder als Präsent

Stefan (4) und Andreas (5), zwei Werdohler Jungen, sind gute Freunde. So wundert es nicht, dass Stefans Mutter den Andreas zum 5. Geburtstag ihres Sohnes einlud. Der freute sich auch zunächst über die Einladung - wer verschmäht schon Hagebuttenteebowle, Berliner Ballen und anständig Rabatz auf einer solchen Party.

Doch die Freude wich nüchternen Überlegungen. Andreas hatte nämlich mit einem gezielten Schuss, der Uwe Seeler alle Ehre gemacht hätte, in der engen Küche Mamas Milchtopf vom Herd geholt. Der fiel in eine Salatschüssel und ließ zwei Teller mitgehen. Prompt wurde das Taschengeld gesperrt. Wie sollte jetzt das Geburtstagsgeschenk finanziert werden ?

In der voller Verzweiflung durchkämmten Hosentasche fanden sich nur ein angebrauchter Dauerlutscher, ein festgeklebtes Kaugummi, ein Flummi, ein Taschentuch und 20 Cents. Doch die waren schon verpfändet, dafür hatte ihn der große Bruder beim letzten Pommesbudenbesuch einmal an einer Frikdelle beißen lassen.

Kurz, der Andreas war blank, und er hätte doch so gerne mitgefeiert. Die Gastgeberin zeigte aber viel Verständnis, als der kleine Bankrotteur stotterte: „Ich ... ich ... ich ... kann aber nichts mitbringen, ich habe keine Geld." In dem Falle dürfte er getrost auch ohne ein Präsent kommen, antwortete da die Mutter zu seinem Trost.

Diese Zusicherung führte bei unserem Mini-Pleitier zu einem geradezu radikalen Stimmungsumschwung. Er nahm die Hände aus der Hosentasche, putzte sich mit dem Ärmel schwungvoll die Nase ab und bemerkte, von allen Sorgen befreit, voller Zuversicht: „Ja dann, dann bringe ich wenigstens meinen Bruder mit!"

Die Anti-Baby-Platte

Fabian war ein guter Hausvater. Um seine Heizung vor Sturm und Regen zu schützen, hatte er vor Jahren schon eine Platte auf dem Schornstein seines Hauses anbringen lassen und hatte seither keine heizungstechnischen Pannen erlebt.

Fabian glaubte aber auch, ein guter Erzieher seiner Kinder zu sein. Da erforderte es ein moderner Brauch, dass man seinen Sohn etwa im Alter von acht Jahren rundherum aufklärte. Von Kirchenblättchen bis zur St.Pauli-Illustrierten waren sich in diesem Punkt alle Presseorgane einig. Fabian machte das bei seinem Sohn behutsam. Von der vollkommen problemlosen Windbestäubung kam er auf das neckische Bienchen zu sprechen, das von Blüte zu Blüte fliegend das Geschäft der Vermehrung mitbesorgen half. Aber schon als es um die Vermehrung der Fische ging, verlor Fabian öfters den Faden, bei den Fröschen errötete er schon sichtlich und als er beim Homo Sapiens ankam, da verließ ihn sichtlich der Mut. Sehr ernst, stockend, immer wieder hüstelnd und „äh, äh" sagend brachte er sein gründlich studiertes Wissen an den Mann, das heißt, an seinen Sohn Matthias, der seinen sonst so fröhlichen Vater gar nicht wiedererkannte und nicht recht glauben wollte, was ihm der alte Herr da so feierlich und verlegen kundgetan hatte. Zwar hatte er schon bei seiner kleinen Schwester anatomische Unterschiede festgestellt, war aber in dem festen Glauben, dass der bei ihr zu beobachtende Mangel mit zunehmenden Alter ausgeglichen würde.

Fabian allerdings war erleichtert und sagte stolz zu seiner Frau: „Mathilde, ich habe den Jungen aufgeklärt, er weiß alles und wird nicht so verklemmt wie wir durchs Leben laufen." Dann trank er einen Steinhäger und eine Flasche Bier, ging beruhigt schlafen in dem festen Glauben, seinem Sohn alle Zweifel an der Vermehrung des Menschen genommen zu haben.

Da hatte er allerdings seine Rechnung ohne die Freundin des kleinen Matthias gemacht. Der kam am anderen Mittag nach Hause und verkündete seinem Vater recht empört: „Das stimmt ja alles gar nicht, was du mir von den kleinen Kindern gesagt hast. Die Manuela hat mir erzählt, die würden von so'm Storch gebracht und die muss das wissen, die haben ja ein kleines Baby zu Hause."

„Ja, Matthias, das wird kleinen Kindern oft erzählt. Du kennst ja auch Bilder in Witzblättern, da steht ein Storch mit einem Baby oben auf dem Dach und wirft es dann durch den Schornstein herunter. Unten an der Klappe soll es dann herausgenommen werden. Das ist aber nur ein Märchen, was *ich* dir gesagt habe, das stimmt!"

Nun war es gut, dass Fabian als fürsorglicher Hausvater seinen Kamin vor Sturm und Regen geschützt hatte. Der ungläubige Matthias kam nämlich kurz nach dem Gespräch aus seinem Spielzimmer und sagte seinem alten Herrn: „Du, Papa, du hattest doch Recht! Wir haben doch die Platte auf dem Schornstein, da passt ja kein Baby durch!"

Fabian war gerettet.

PS: Vor einem dreiviertel Jahr ist bei einem Sturm die Platte vom Dach geflogen. Jetzt hat seine Frau ein kleines Mädchen zur Welt gebracht. — Was unpünktliche Dachdecker alles bewirken können ...

Mäander-Mahnung

Wer sich Zeit lässt, sieht beim Wandern,
wie ein Bächlein in Mäandern,
ohne durch ein Bett gegängelt,
planlos durch die Wiesen schlängelt.
Denkt daran und folgert richtig:
Nicht das Ziel, der Weg ist wichtig!!
Geht auf diesem Weg gemütlich,
dazu rate ich euch gütlich.